KLAUS HEUER
Grundzüge des Bodenrechts
der DDR 1949–90

Grundzüge des Bodenrechts der DDR 1949–1990

von

PROF. DR. JUR. HABIL. KLAUS HEUER
Rechtsanwalt

C. H. BECK'SCHE VERLAGSBUCHHANDLUNG
MÜNCHEN 1991

CIP-Titelaufnahme der Deutschen Bibliothek

Heuer, Klaus:
Grundzüge des Bodenrechts der DDR : 1949–1990 / von Klaus Heuer. – München : Beck, 1991
ISBN 3 406 34963 3

ISBN 3 406 34963 3

Druck Wagner GmbH, Nördlingen

Vorwort

Anfang März 1990 bot mir der Beck-Verlag an, angesichts der aktuellen Situation eine Einführung in das Bodenrecht der DDR zu schreiben. Nach der friedlichen Revolution in der DDR und der Öffnung der Grenzen und im Hinblick auf die zu erwartende Einheit Deutschlands sollte von DDR-Seite eine Bestandsaufnahme vorgenommen werden, um zu informieren und erste Veränderungen zu kommentieren. Weder der Autor noch – wie ich glaube – der Verlag ahnte damals, wie rasant sich die Veränderungen vollziehen und wie radikal sie auf das Bodenrecht durchschlagen würden. Außer dem Wirtschaftsrecht gibt es wohl keinen Bereich des DDR-Rechtssystems, von dem mit so viel Recht gesagt werden kann, daß kein Stein auf dem anderen geblieben ist. Nicht eine einzige Rechtsvorschrift im Bodenrecht kann mehr uneingeschränkte Gültigkeit beanspruchen. Der Autor war gezwungen, seine Darstellung, die ursprünglich in den meisten Kapiteln im Präsens gehalten war, auf die Imperfektform umzuschreiben.

Das alte DDR-Bodenrecht war nach dem Vorbild des sowjetischen Bodenrechts entwickelt worden. Das erklärte Ziel der Regelungen war, die Bodennutzung zu vergesellschaften. Dementsprechend war es von solchen Grundsätzen beherrscht wie

- der Präferierung und Privilegierung des Volkseigentums als der für den Boden vermeintlich idealen Eigentumsform,
- der Dominanz der Nutzungsrechte vor dem Eigentum, speziell vor dem Privateigentum,
- der Einschränkung der Gültigkeit des Rechtssatzes superficies solo cedit, der Schaffung selbständigen Gebäudeeigentums,
- der umfassenden staatlichen Leitung und Kontrolle der Bodennutzung und des Grundstücksverkehrs und
- des Vorrangs der landwirtschaftlichen Bodennutzung vor den anderen Arten der Bodennutzung.

Es versteht sich von selbst, daß diese Grundsätze, die alle schon bis Anfang der sechziger Jahre herausgebildet waren und später nur noch perfektioniert wurden, mit Marktwirtschaft nicht zu vereinbaren sind. Das Privateigentum an Grund und Boden, das vom Thron gestoßen worden war, mußte wieder in seine Rechte eingesetzt werden. Alle Schranken, die gegen die freie Verkehrsfähigkeit des Bodens errichtet worden waren, mußten und müssen im Interesse realer Vergesellschaftung der Bodennutzung, die nicht in bloßer Verstaatlichung bestehen kann, beseitigt werden. Dem dienen die neuen Gesetze, die seit April 1990 in rascher Folge ergangen sind: Das Treuhandgesetz, das Landwirtschaftsanpassungsgesetz, die Anmeldeverordnung u. a. Der hektische Gesetzgebungsprozeß, der den DDR-Juristen jedes Gesetzblatt mit Ungeduld erwarten läßt, ist noch nicht abgeschlossen. Er endet aber – das ist schon jetzt erkennbar – mit der fast vollständigen Rezeption des Bundesrechts.

Unter diesen Umständen habe ich mich immer wieder gefragt, ob es sich noch lohnt, diese Einführung in ein zerfallendes Bodenrecht zu schreiben. Wenn wir – der Verlag und der Autor – uns trotzdem dazu entschlossen haben, so keinesfalls aus rechtshistorischem Interesse. Die Erfahrungen aller Umwälzungen zeigen, daß mit der Veränderung der Gesetzgebung noch nicht die **Rechtsverhältnisse** liquidiert sind, die sich in der früheren Ordnung entwikkelt haben. Neues Recht und auch die Rechtspraxis muß zunächst an diese Rechtsverhältnisse anknüpfen, auch wenn es sie überwinden will. In den neuen Gesetzen wimmelt es deshalb von alten Begriffen wie Volkseigentum, Rechtsträgerschaft, verliehenes Nutzungsrecht, wird zwischen verschiedenen Rechtsgründen für eine Enteignung unterschieden usw. Dasselbe wird für den Einigungsvertrag gelten. Schon deshalb bedarf das bisherige Bodenrecht der Erläuterung.

Hinter diesem formalen Grund steht ein tieferer, inhaltlicher Grund: Es muß eine Brücke vom alten DDR-Recht zum neuen bundesdeutschen Recht geschlagen werden. Vielleicht gelingt es, bei aller notwendigen Kritik am administrativ-zentralistischen System auch Verständnis für Bewahrens- und Beachtenswertes aus der Rechtsordnung der DDR zu wecken, das man erhalten muß, indem man es integriert.

In dem Titel „Einführung in das Bodenrecht der DDR" liegt ein Anspruch, der nicht voll eingelöst wird. Das öffentliche Bodenrecht wird nicht behandelt. Das liegt daran, daß die einschlägigen Rechtsnormen, vor allem des Investitionsrechts und des Planungsrechts, mit dem alten Planungssystem sang- und klanglos verschwunden sind. Was noch existiert, ist in Kapitel 4 dieser Schrift – Enteignungsrecht – dargestellt. Die Neuregelungen, von denen hier besonders das Raumordnungsgesetz, das Umweltrahmengesetz sowie die Bauplanungs- und Zulassungsverordnung Erwähnung finden sollen, sind weitgehend auf die Übernahme des BRD-Rechts gerichtet. Ich glaubte deshalb, auf ihre Darstellung verzichten zu können, und bitte den Leser, einschlägige westdeutsche Veröffentlichungen zu Rate zu ziehen.

Es verbleibt mir, Wissenschaftlern und Praktikern aus der DDR für ihre Unterstützung bei der Vorbereitung dieser Schrift zu danken, so Prof. Reiner Arlt, Potsdam-Babelsberg, aus dessen Feder im wesentlichen das 2. Kapitel stammt, Dr. Franz Boenicke, Berlin (6. Kapitel), Gerd Janke, Berlin und Harald Menzke, Neubrandenburg (Teile des 7. bzw. das 8. Kapitel). Wertvolle Hinweise gaben mir Prof. Manfred Mücke, Freiberg (Sa.) und Frau Ruth Wüstneck.

Berlin, im August 1990* Klaus Heuer

*) In der vorliegenden Arbeit konnten Rechtsvorschriften der DDR aus dem Jahre 1990 nur insoweit berücksichtigt werden, als sie bis zum 20. 7. 1990 im Gesetzblatt veröffentlicht waren. K. H.

Inhalt

Abkürzungsverzeichnis

a.a.O.	am angegebenen Ort
Abs.	Absatz
Abschn.	Abschnitt
AO	Anordnung
Art.	Artikel (der Verfassung)
Bd.	Band
BG	Bezirksgericht
BGB	Bürgerliches Gesetzbuch
BGBl	Bundesgesetzblatt der Bundesrepublik Deutschland
DB	Durchführungsbestimmung
DBO	Deutsche Bauordnung
DVO	Durchführungsverordnung
EGZGB	Einführungsgesetz zum Zivilgesetzbuch
ErbbRVO	Erbbaurechtsverordnung vom 15. 1. 1919
FGB	Familiengesetzbuch
GBl I (II)	Gesetzblatt der DDR Teil I (Teil II)
GBVerfO	Grundbuchverfahrensordnung
GDO	Grundstücksdokumentationsordnung
gen.	(oben-)genannter, -genannte
Gesamtvollstr. VO	Verordnung über die Gesamtvollstreckung
GmbH	Gesellschaft mit beschränkter Haftung
GPG	Gärtnerische Produktionsgenossenschaft
Grundst. Vollstr. VO	Verordnung über die Vollstreckung in Grundstücke
GVVO	Grundstücksverkehrsverordnung
ha	Hektar
Hrsg.	Herausgeber
i.V.m. oder in Vbdg mit	in Verbindung mit
LPG	Landwirtschaftliche Produktionsgenossenschaft
Min Bl.	Ministerialblatt der Regierung der DDR
NJ	Neue Justiz (Zeitschrift)
OG	Oberstes Gericht der DDR
OGZ, Bd	Oberstes Gericht in Zivilsachen (Urteilssammlung), Band
qm	Quadratmeter
Rdnr	Randnummer
r. Sp.; l. Sp.	rechte Spalte; linke Spalte
Sdr.	Sonderdruck des Gesetzblattes
SMAD	Sowjetische Militäradministration

StVG . . . . Staatliches Vertragsgericht beim Ministerrat der DDR
vgl. . . . . vergleiche
VKSK . . . . Verband der Kleingärtner, Siedler und Kleintierzüchter
VO . . . . Verordnung
WRLVO . . . . Wohnraumlenkungsverordnung
ZGB . . . . Zivilgesetzbuch
Ziff. . . . . Ziffer
ZPO . . . . Zivilprozeßordnung der DDR
ZVOBl. . . . . Zentralverordnungsblatt (Vorläufer des Gesetzblattes der DDR)

1. Die rechtliche Regelung des Volkseigentums an Grund und Boden

Literatur:
Arlt, Agrarrechtsverhältnisse in West- und Ostdeutschland, Deutscher Zentralverlag Berlin 1957, Kap. II § 2; Rohde, Bodenrecht, Staatsverlag 1989, Kap. 4; Lehmann/Zänker, Zum Inhalt der Rechtsträgerschaft an volkseigenen Grundstücken, Staat und Recht Heft 3/1980.

1.1. Grundsätze. Veräußerungs- und Verpfändungsverbot

Das Volkseigentum stellte in der sozialistischen DDR eine 1
Schlüsselkategorie dar. Es war die tragende Grundlage des Gesellschafts- und Wirtschaftssystems in der DDR wie in den anderen sozialistischen Ländern. Was den Grund und Boden anbetrifft, so wurde das Volkseigentum als eine der Grundformen der Vergesellschaftung der Bodennutzung angesehen – neben dem Bodennutzungsrecht der LPG – und entsprechend bewertet.

Die entscheidenden Schritte zur beherrschenden Stellung des Volkseigentums in der Volkswirtschaft wurden bereits vor der Gründung der DDR in enger Zusammenarbeit der deutschen Selbstverwaltungsorgane, später der Landtage und der Landesregierungen mit den sowjetischen Besatzungsbehörden gegangen, wobei die sowjetischen Besatzungsbehörden diese Zusammenarbeit eindeutig dominierten. Das kam gesetzgeberisch darin zum Ausdruck, daß Akte der Besatzungsmacht (SMAD-Befehle) und Gesetze und Verordnungen der Länder und später der „Deutschen Wirtschaftskommission" (DWK) eng miteinander verflochten waren. Von besonderer Bedeutung für die Industrie war die „Entmachtung der Kriegs- und Naziverbrecher und des Monopolkapitals", die zunächst im Wege der Beschlagnahme zahlreicher Betriebe und anderer Vermögenswerte durch die sowjetische Besatzungsmacht (SMAD-Befehl Nr. 124 vom 30. Oktober 1945) und dann – nach Übergabe der sequestrierten Betriebe an die deutschen Länderverwaltungen – durch deren entschädigungslose Enteignung mittels Ländergesetz bzw. LänderVO erfolgte.

Auch die Bodenschätze und Bergbaubetriebe wurden verstaatlicht. Die alten Banken und Versicherungsanstalten waren bereits durch SMAD-Befehl Nr. 1 vom 23. Juli 1945 geschlossen worden.

Aufgrund von Landesgesetzen wurde das Vermögen der geschlossenen Banken den neuen volkseigenen Bankinstituten übertragen.

2 Herausragendes Gewicht für die Schaffung von Volkseigentum an Grund und Boden hatte die Bodenreform. Der Großgrundbesitz wurde bekanntlich ebenfalls entschädigungslos enteignet und die Masse des Bodens an Neubauern aufgeteilt. Ein geringerer Teil des enteigneten Landes – weniger als ein Viertel – ging unmittelbar in Volkseigentum über (Wald, Güter zur Viehzucht und zur Saatguterzeugung u. a.). Bodenreformwirtschaften von Neubauern, für die keine Nachfolger im Wege des Besitzwechsels gefunden wurden, fielen später in den staatlichen Bodenfonds zurück und vergrößerten damit die volkseigenen Flächen.

Die getroffenen Grundentscheidungen wurden in den Länderverfassungen und später in der ersten DDR-Verfassung konstitutionell bestätigt. Die Verfassung von 1968/74 erfaßte das Volkseigentum als erste Form des sozialistischen Eigentums, auf dem „die Volkswirtschaft beruht" (Art. 9 Abs. 1, Art. 10, Art. 12). Obwohl nunmehr mit der Marktwirtschaft die Reprivatisierung gesetzgeberisch und faktisch vollzogen wird, bleiben für die Bestimmung der Rechtslage von Grundstücken in der DDR die differenzierte Herkunft des Volkseigentums und seine rechtliche Ausgestaltung unverzichtbare Ausgangspunkte.

3 Bereits mit der Bildung des Volkseigentums in den Jahren 1945 – Bodenreform – bis 1948 – Abschluß der sogenannten Sequestrierung – wurde dieses einer besonderen rechtlichen Regelung unterworfen. Das galt sowohl für enteignete Grundstücke wie für solche, die im Eigentum der Länder, Kreise, Gemeinden und von Körperschaften und Anstalten des öffentlichen Rechts gestanden hatten und – mit Ausnahme des Kircheneigentums – ebenfalls zu Volkseigentum erklärt wurden. Volkseigentum sollte, wie es im SMAD-Befehl Nr. 64 vom 17. 4. 1948 hieß, „unantastbar" sein. Es sollte damit insbesondere vor Verfügungen von Rechtsträgern von Volkseigentum, die auf eine Reprivatisierung hinausliefen, geschützt sein.

Artikel 28 der ersten Verfassung der DDR vom 7. Oktober 1949 sah dementsprechend vor, daß die Veräußerung und Belastung von Grundbesitz, Produktionsstätten und Beteiligungen, die sich im Eigentum des Volkes befinden, der Zustimmung der für ihren Rechtsträger zuständigen Volksvertretung bedürfen. Diese Zustimmung konnte nur mit zwei Drittel der gesetzlichen Mitgliederzahl der Volksvertretung erteilt werden.

Diese Verfügungsbeschränkungen wurden in der Folgezeit weiter ausgestaltet. So entschied das Oberste Gericht bereits mit Urteil vom 12. 9. 1951, daß als Volksvertretung im Sinne des Artikels 28 der Verfassung nur Vertretungskörperschaften der DDR und ihrer Länder anzusehen seien, nicht aber die Vertretungskörperschaften der Gemeinden und Gemeindeverbände. Die Veräußerung von volkseigenen Grundstücken bedürfe deshalb der Zustimmung der verfassungsmäßig festgesetzten qualifizierten Mehrheit des Landtages (vgl. Neue Justiz 1951, Heft 12, S. 562 f.). Durch die Anordnung des Ministeriums des Innern über die Meldung beabsichtigter Rechtsänderungen für volkseigene Vermögenswerte vom 16. 4. 1951 war wenig früher festgelegt worden, daß beabsichtigte eigentumsrechtliche Veränderungen und Belastungen von volkseigenen Grundstücken, Produktionsstätten und Beteiligungen dem Ministerium des Innern zu melden waren. Dieses und nur dieses sollte seinerseits die erforderliche Zustimmung der für den Rechtsträger zuständigen Volksvertretung einholen.

Es war nur konsequent, wenn zugleich vorgesehen war, daß mit **4**
dem Übergang eines Grundstücks in Volkseigentum auch die dinglichen Belastungen erlöschen mußten. Von den dinglichen Belastungen blieben nach der Richtlinie Nr. 1 zum Befehl Nr. 64 der SMAD vom 17. 4. 1948 gemäß Ziff. 3 Abs. IV nur solche Grunddienstbarkeiten erhalten, die öffentlichen Interessen dienten (ZVOBl. S. 141). Neubelastungen unterlagen dem erwähnten Zustimmungsvorbehalt bzw. wurden ganz untersagt. In der Anordnung über die Bildung von Vereinigungen volkseigener Güter hieß es schon am 15. 6. 1949, also vor der Gründung der DDR und dem Inkrafttreten ihrer Verfassung ganz generell, daß das Volkseigentum „weder veräußert noch verpfändet werden" darf (§ 2, ZVOBl. S. 498).

Das Volkseigentum war damit, soweit es nicht zur Veräußerung bestimmt war wie die Erzeugnisse der volkseigenen Betriebe, faktisch dem Zivilrechtsverkehr entzogen. Mit der Aufhebung der ersten durch die zweite DDR-Verfassung 1968, in der eine dem Artikel 28 der Verfassung von 1949 vergleichbare Vorschrift nicht mehr enthalten war, entfiel auch die Regelung des Verfahrens der Veräußerung von volkseigenen Anlagewerten. In § 20 des ZGB, das am 1. 1. 1976 in Kraft trat, hieß es dann noch einmal eindeutig:

„Der Erwerb und der Übergang von Sachen, die Grundlage der wirtschaftlichen Tätigkeit der Betriebe sind, aus dem sozialistischen Eigentum in persönliches Eigentum ist unzulässig. Volkseigentum darf weder verpfändet, gepfändet noch belastet werden. Ausnahmen müssen in Rechtsvorschriften geregelt werden." (Absatz 3)

5 Der Schutz des Bestandes des Volkseigentums an Grund und Boden wurde als prinzipielles Anliegen der sozialistischen Revolution betrachtet. In Sowjetrußland hatte 1917 die sozialistische Revolution mit der Nationalisierung des Bodens, d. h. seiner Überführung in Staatseigentum begonnen. Alle, die Boden bewirtschafteten, waren nur Nutzer, nicht Eigentümer. In der DDR hatte eine solche Nationalisierung nicht stattgefunden, was jedenfalls in den ersten 20 Jahren der DDR von der führenden Partei, der SED, als Rückstand gegenüber der Sowjetunion betrachtet wurde. Der erreichte Bestand an Staatseigentum wurde dementsprechend von vielen Autoren als „Teilnationalisierung" interpretiert (vgl. Arlt, Agrarrechtsverhältnisse in West- und Ostdeutschland, S. 165). Die Folge war, daß auch in den Fällen, in denen eine dauernde Nutzung des Bodens durch andere Nutzer, etwa durch Wohnungsbaugenossenschaften oder – bei Einfamilienhäusern – durch Bürger, vorgesehen war, das einmal entstandene Volkseigentum am Boden erhalten werden sollte. Das Eigentum am Boden wurde vom Eigentum am Gebäude getrennt und der Genossenschaft bzw. dem Bürger ein dauerndes Nutzungsrecht verliehen (vgl. Rdnr 16 und Rdnr 46). Ein Verkauf fand nicht statt.

6 Eine Ausnahme von dem faktischen Veräußerungsverbot für volkseigene Grundstücke betraf den Tausch volkseigener gegen nichtvolkseigene Grundstücke. Tausch war zugelassen, weil er den Bestand im ganzen nicht gefährden konnte. Er war zuletzt geregelt in der „Anordnung über den Tausch volkseigener Grundstücke gegen nichtvolkseigene Grundstücke" vom 1. 9. 1956 (GBl I, Nr. 79, S. 706). Danach durften Verträge dieser Art nur abgeschlossen werden, wenn der Tausch für den Rechtsträger des volkseigenen Grundstücks wirtschaftlich notwendig war, gegen die beabsichtigte Maßnahme, die den Anlaß zum Tausch gibt, städtebaulich keine Bedenken bestehen und das nichtvolkseigene Grundstück lastenfrei übergeben wird (§ 2). Der zuständige Rat des Kreises mußte vorab zustimmen (§ 1). Es mußten im Prinzip gleichgroße Flächen ausgetauscht werden (Bestandsschutz!). Bei Wertdifferenzen zugunsten des nichtvolkseigenen Vertragspartners war nur ausnahmsweise ein Wertausgleich durch Mehrabgabe volkseigener Flächen möglich, während im umgekehrten Falle der private Tauschpartner die Differenz immer auch durch eine größere Fläche decken konnte (§ 4).

Bei mit Grundpfandrechten belasteten nichtvolkseigenen Grundstücken mußte eine Sonderregelung getroffen werden, um die lastenfreie Übergabe in Volkseigentum zu gewährleisten. Im

Tauschvertrag sollte deshalb festgelegt werden können, daß mit Zustimmung der Gläubiger die Belastung auf das in Privateigentum oder genossenschaftliches Eigentum übergehende, ehemals volkseigene Grundstück umgeschrieben wird (§ 6 Abs. 3). Wurde die Zustimmung nicht erteilt, war ein Tausch ausgeschlossen.

Mit der radikalen Veränderung der gesellschaftlichen Verhält- **7**
nisse in der DDR 1990 und der rasch voranschreitenden Reprivatisierung werden die Sperren, die der Veräußerung und Belastung von volkseigenem Grund und Boden entgegenstehen, schrittweise beseitigt. Der erste Schritt war die Einräumung von Möglichkeiten zum Kauf volkseigenen Bodens durch Bürger, denen an diesem Boden bereits ein Nutzungsrecht verliehen war (vgl. Rdnr 47). Mit dem 1. Zivilrechtsänderungsgesetz vom 28. 6. 1990 wurde in Übereinstimmung mit dem Staatsvertrag DDR–BRD der oben zitierte § 20 ZGB vollständig aufgehoben. Volkseigentum an Grund und Boden unterliegt wieder denselben Regelungen im Zivilrechtsverkehr wie Privateigentum und ist damit als spezifische rechtliche Kategorie nicht mehr existent. In Übereinstimmung damit wurden im gleichen Zuge auch Bestimmungen der Grundstücksdokumentationsordnung vom 6. 11. 1975 aufgehoben, die das Publizitätsprinzip für volkseigene Grundstücke außer Kraft gesetzt hatten (Aufhebung des § 8 Abs. 1 letzter Satz, vgl. Rdnr 161).

Die Beseitigung des Volkseigentums selbst, nicht nur seiner Sonderstellung, wird mit dem Treuhandgesetz vom 17. 6. 1990 angestrebt. Es trägt den offiziellen Titel: „Gesetz zur Privatisierung und Reorganisation des volkseigenen Vermögens (Treuhandgesetz)“. Die aus den ehemals volkseigenen Betrieben entstandenen Aktiengesellschaften und GmbH's erhalten mit dem 1. 7. 1990 das Eigentum an den von ihnen bisher genutzten volkseigenen Bodenflächen (§ 11 Abs. 2). Das Treuhandgesetz wird ergänzt durch das Gesetz über die Gründung und Tätigkeit privater Unternehmen und über Unternehmensbeteiligungen in der Fassung des Gesetzes vom 28. 6. 1990. Danach kann u. a. zum Zweck der Gründung oder Erweiterung eines privaten Unternehmens der Kauf von Geschäftsanteilen oder von Grundstücken oder Gebäuden staatlicher Unternehmen erfolgen (§ 5). Mit dem Kommunalvermögensgesetz vom 6. Juli 1990, GBl I Nr. 42 S. 660, wurde das bisherige Volkseigentum am Boden und die Immobilien, soweit sie kommunalen Aufgaben dienten, den Städten und Gemeinden und den Landkreisen kostenlos in kommunales Eigentum übertragen. Sie können darüber im Rahmen der Gesetze uneingeschränkt verfügen. Die Anlage IX zum Staatsvertrag DDR–BRD erlegt auch dem Staat der

DDR und den Kommunen die Verpflichtung auf, bisher volkseigene Gewerbeflächen privaten Investoren zum Kauf anzubieten.

1.2. Rechtsträgerschaft und Rechtsträgerwechsel

8 Das Volkseigentum wurde zu keiner Zeit direkt von den zentralen staatlichen Organen verwaltet bzw. bewirtschaftet. Die Verwaltung und Bewirtschaftung erfolgte vielmehr durch Betriebe, Kombinate und andere Wirtschaftseinheiten sowie durch staatliche Einrichtungen und staatliche Organe jeweils für das ihnen zugeordnete Vermögen. Für dieses Zuordnungsverhältnis wurde zunächst allgemein der Begriff „Rechtsträgerschaft“ gewählt. Später wurden Begriffe wie „operative Verwaltung“ und „Fondsinhaberschaft“ üblich. Der Begriff der Rechtsträgerschaft wurde nur noch in bezug auf volkseigene Grundstücke und Gebäude verwandt.

Die Rechtsträgerschaft bezeichnet die Rechtsstellung (Rechte und Pflichten) der Struktureinheiten der volkseigenen Wirtschaft und des Staates hinsichtlich der ihnen anvertrauten – zugeordneten – volkseigenen Grundstücke und Gebäude. Sie umfaßt die Besitz- und Nutzungsbefugnis und in einem bestimmten, noch näher zu bezeichnenden Sinne – auch die Verfügungsbefugnis über das Grundstück und die darauf errichteten Gebäude (§ 19 Abs. 1 ZGB). Dem Rechtsträger stehen gegen jeden Dritten die Eigentumsschutzansprüche aus § 33 ZGB, der Anspruch auf Beseitigung und Unterlassung von Störungen aus § 328 ZGB und der Schadensersatzanspruch aus den §§ 330 ff. ZGB zu. Der Rechtsträger ist neben dem Eigentümer (Volkseigentum) in der Abtl. 1 des Grundbuches eingetragen (vgl. Rdnr 157).

9 Rechtsträger volkseigener Grundstücke und Gebäude konnten nach DDR-Recht nicht nur Struktureinheiten der volkseigenen Wirtschaft und staatliche Organe und Einrichtungen, sondern auch sozialistische Genossenschaften, Parteien und gesellschaftliche Organisationen sowie die ihnen unterstehenden Betriebe und Einrichtungen werden (vgl. § 19 Abs. 3 ZGB, § 2 der Anordnung über die Rechtsträgerschaft an volkseigenen Grundstücken vom 7. 7. 1969, GBl II Nr. 68, S. 433). Bedingung war allerdings stets die Qualität als juristische Person (§ 2 Abs. 2 der gen. AO). Diesen Rechtsträgern standen dann dieselben Rechte und Pflichten zu wie den staatlichen (volkseigenen) Rechtsträgern. In großem Umfang wurden die LPG Rechtsträger von Volkseigentum, nämlich überall dort, wo ihnen vom Rat des Kreises volkseigene Flächen oder wieder in

den Bodenfonds zurückgefallenes Bodenreformland zur dauernden Nutzung übergeben wurden. In § 9 Abs. 3 und 4 des ersten LPG-Gesetzes vom 3. 6. 1959 hieß es ausdrücklich:

„(3) Die Begründung des Nutzungsverhältnisses an volkseigenem und Bodenreformland regelt sich nach den Bestimmungen über Rechtsträgerwechsel an volkseigenen Grundstücken. (4) Wird der LPG vom Staat Bodenreformland übergeben, so ist es als staatliches Eigentum zu registrieren".

Wenn die Rechtsträger bestimmte Rechte gewissermaßen für den Eigentümer ausübten, so auch bestimmte Pflichten. Sie waren zur Erhaltung der Grundstücke und Gebäude verpflichtet, hatten die buchmäßige Erfassung und Bewertung vorzunehmen, die Abschreibungen und die Produktionsfondsabgabe abzuführen und die Gebühren für Versicherungen, für die Straßenreinigung und die Grundsteuer zu entrichten. Sie konnten aber das Eigentum am Grundstück in keinem Fall ökonomisch verwerten. Der vertraglich vereinbarte Rechtsträgerwechsel erfolgte für den Boden stets unentgeltlich. Nur hinsichtlich der Gebäude fand seit 1968 in beschränktem Umfang ein Verkauf statt (Verordnung über den Verkauf und Kauf volkseigener unbeweglicher Grundmittel durch Betriebe der volkseigenen Wirtschaft vom 28. 8. 1968, GBl II Nr. 99 S. 797). Auch bei der Ersteinsetzung eines Betriebes oder Organs als Rechtsträger fand kein Kauf und beim Entzug der Rechtsträgerschaft, weil das Grundstück für gesamtgesellschaftliche Zwecke gebraucht werde, keine Entschädigung für den Wert des Grundstücks statt. Mit vollem Recht konstatierten Lehmann/Zänker in „Staat und Recht", Heft 3/1980, daß das „Verfügungsrecht" der staatlich-sozialistischen Organisationen in einem solchen Maße relativiert ist, daß es als fraglich anzusehen ist, ob man überhaupt noch von einem Verfügungsrecht des Rechtsträgers sprechen kann (S. 262). **10**

Über das Institut der Rechtsträgerschaft an volkseigenen Grundstücken konnte der Staat den Boden theoretisch ungehindert von Privatinteressen im Interesse der gesamten Gesellschaft nutzen. Die Rechtsträger waren andererseits materiell nicht daran interessiert, ihren Flächenbedarf zu minimieren. Volkseigener Boden wurde vielfach gehortet oder jedenfalls unrationell genutzt. Die fehlenden ökonomischen Interessen der Partner konnten nur unvollkommen durch administrative Entscheidungen der übergeordneten Organe kompensiert werden.

Das Verfahren des Rechtsträgerwechsels war der Form nach zivilrechtlich, nämlich als Vertrag zwischen den beteiligten **11**

Rechtsträgern ausgestaltet (§ 4 der Anordnung über die Rechtsträgerschaft... a.a.O.). Der Vertrag bedurfte der Schriftform und der Zustimmung des örtlich zuständigen Rates der Gemeinde (§ 3, § 5). Für die Eintragung des neuen Rechtsträgers in die Liegenschaftskartei (das Grundbuch) war ein gemeinsamer Antrag des abgebenden und des übernehmenden Rechtsträgers an den Liegenschaftsdienst erforderlich. Sollte eine Partei, gesellschaftliche Organisation oder Genossenschaft, also ein nicht volkseigener Rechtsträger das Grundstück übernehmen, mußte vor der Weiterleitung an den Liegenschaftsdienst der Rat des Kreises um Zustimmung nachgesucht werden (§ 6).

Der Zeitpunkt, zu dem der Rechtsträgerwechsel wirksam werden sollte, war zwischen dem abgebenden und dem übernehmenden Rechtsträger zu vereinbaren. Er sollte nach dem Willen des Gesetzgebers so gewählt werden, daß die Eintragung des neuen Rechtsträgers in die Liegenschaftskartei (das Grundbuch) schon erfolgt sein konnte, bevor der Rechtsträgerwechsel wirksam wurde (§ 7). Mit dem Tage des Rechtsträgerwechsels übernahm der neue Rechtsträger die Verantwortung für das Grundstück und die darauf ruhenden Verpflichtungen. Es war eine Übernahme/Übergabe des Grundstücks vorzunehmen. Dabei war der buchmäßige Bruttowert und der Verschleiß der mitübertragenen unbeweglichen Grundmittel festzustellen (§ 9). Langfristige Verbindlichkeiten, die mit dem volkseigenen Grundstück in einem wirtschaftlichen Zusammenhang standen und nicht vom bisherigen Rechtsträger schuldhaft verursacht wurden, gingen, wenn das Grundstück und darauf befindliche unbewegliche Grundmittel unentgeltlich üertragen wurden, auf den übernehmenden Rechtsträger über (§ 11). Dieser hatte die Gläubiger vom Übergang der Verbindlichkeiten zu unterrichten und Zinsen und Tilgung zu tragen.

12 Wie bereits erwähnt, wurde anders als beim Boden für die Gebäude und baulichen Anlagen beim Rechtsträgerwechsel seit 1968 eine gewisse Ökonomisierung der Beziehungen vollzogen. Gebäude und bauliche Anlagen, die mit dem Boden fest verbunden sind, ebenso Maschinen und Ausrüstungen, die aufgrund ihrer Konstruktion, Gestaltung oder Funktion an einen festen Standort gebunden sind und bei denen die Möglichkeit eines Austausches weitgehend ausgeschlossen ist wie z. B. Stahl- und Metallkonstruktionen, Industrieöfen, Freileitungen, waren beim Rechtsträgerwechsel wie bewegliche Grundmittel zu verkaufen (Verordnung über den Verkauf und Kauf volkseigener unbeweglicher

Grundmittel durch Betriebe der volkseigenen Wirtschaft vom 28. 8. 1968, GBl II Nr. 99 S. 797, verändert durch 2. Verordnung vom 1. 8. 1972, GBl II Nr. 48 S. 547, § 1 Abs. 3). Diese Regelung gilt (galt) allerdings nur, soweit wenigstens einer der Partner ein volkseigenes Kombinat, ein volkseigener Betrieb oder eine andere Struktureinheit der volkseigenen Wirtschaft war. Sie galt also nicht zwischen Haushaltsorganisationen (staatlichen Organen und Einrichtungen), auch nicht zwischen diesen und gesellschaftlichen Organisationen. Sie galt nicht für Wohngebäude. Auch in den Bereichen, in denen die „Verkaufs-Kauf-Verordnung" an sich galt, konnte der zuständige Minister ausnahmsweise die unentgeltliche Übertragung der unbeweglichen Grundmittel anordnen (§ 9 der Verkaufs-Kauf-Verordnung)!

Die Kaufverträge über die unbeweglichen Grundmittel wurden mit dem Rechtsträgerwechsel am Boden als Einheit gestaltet, damit kein Auseinanderfallen in der Rechtsträgerschaft eintreten konnte (§ 3 der Anordnung über die Rechtsträgerschaft an volkseigenen Grundstücken, § 1 Abs. 5 der Verkaufs-Kauf-Verordnung). Der Kaufvertrag war schriftlich abzuschließen und gemeinsam mit dem Antrag auf Rechtsträgerwechsel dem Rat der Gemeinde zur Zustimmung vorzulegen. Es bedurfte aber keiner notariellen Beurkundung. Der Kaufpreis durfte den buchmäßigen Bruttowert der Grundmittel nicht überschreiten. Soweit langfristige Verbindlichkeiten existierten, die mit dem Grundstück in einem wirtschaftlichen Zusammenhang standen, sollte aus dem Kauferlös ihre Ablösung angestrebt werden. Bei Streitigkeiten konnte – ebenso wie bei Streitigkeiten, die bei der Erfüllung eines Vertrages über den Rechtsträgerwechsel entstanden – das Staatliche Vertragsgericht angerufen werden. Faktisch kam es aber, wie aus den veröffentlichten 17 Bänden der „Spruchpraxis" des Staatlichen Vertragsgerichts zu entnehmen ist, auf diesem Gebiet kaum zu einer Spruchtätigkeit. Die Probleme wurden durch die übergeordneten Organe der Vertragspartner entschieden.

Nach 40 Jahren DDR leiteten die meisten Betriebe, Organe und Einrichtungen ihre Stellung als Rechtsträger von einem vereinbarten Rechtsträgerwechsel ab. Diese Form sollte möglichst auch dann gewählt werden, wenn volkseigene Bodenflächen für gesamtgesellschaftliche Zwecke bereitgestellt werden mußten. In diesen Fällen war jedoch auch eine Anordnung des Rechtsträgerwechsels durch den Rat des Kreises möglich. Sie trat für volkseigene Bodenflächen an die Stelle des Eigentumsentzugs (§ 12 Baulandgesetz, zu allem Rdnr 85 und 87). Als weitere Form der Be- **13** gründung der Rechtsträgerschaft ist schließlich die sog. Ersteinsetzung eines Rechtsträgers für solche Grundstücke zu nennen, die neu in Volkseigentum übergegangen waren und für die deshalb kein Rechtsträger vorhanden war. Die Ersteinsetzung ist ebenfalls in der genannten Anordnung über die Rechtsträgerschaft geregelt (§ 14). Die Entscheidung darüber traf den Rat des Kreises im Einvernehmen mit dem Rat der Gemeinde. Der für die Ersteinsetzung als Rechtsträger vorgesehene Betrieb (oder das vorgesehene Organ, die vorgesehene Einrichtung) mußte zustimmen. Fand sich kein geeigneter Rechtsträger, mußte der Rat der Gemeinde die Rechtsträgerschaft übernehmen. Der Rat des Kreises war in diesem Fall verpflichtet, die notwendigen Mittel für Werterhaltungsmaßnahmen bereitzustellen. Für das Antrags- und Eintragungsverfahren galten die Bestimmungen über den Rechtsträgerwechsel entsprechend.

14 Der Rechtsträger war nicht immer der unmittelbare Nutzer des Grundstücks und der unbeweglichen Grundmittel. Bei vorübergehendem Bedarf eines anderen Betriebes (Organs, Einrichtung) konnte statt eines Rechtsträgerwechsels auch ein Nutzungsvertrag gem. §§ 71, 72 Vertragsgesetz vom 25. 3. 1982 vereinbart werden. Dieser Typ des Nutzungsvertrages fand nur im Geltungsbereich des Vertragsgesetzes, also zwischen sozialistischen Betrieben Anwendung, ansonsten galt ZGB (§ 286 Abs. 4). Die eher dürftige Regelung ließ den Vertragspartnern weitgehend freie Hand. Immerhin wurden die Hauptpflichten der Partner definiert (§ 71 Abs. 1 und 2), die Schriftlichkeit der Kündigung festgelegt (§ 71 Abs. 3), dem Nutzer untersagt, den Vertragsgegenstand ohne Zustimmung des Überlassenden zu einem anderen als dem vereinbarten Zweck zu nutzen, an ihm Änderungen vorzunehmen oder ihn einem Dritten zu überlassen (§ 72 Abs. 2). Ein Nutzungsentgelt konnte nach einer dazu speziell erlassenen Anordnung vom 30. 12. 1982 grundsätzlich nur in Höhe der vom Überlassenden nachgewiesenen Kosten vertraglich vereinbart werden. Dazu gehörten Aufwendungen für die Instandhaltung und Instandsetzung, Abschreibungsbeträge, Beiträge zu Pflicht- und freiwilligen Versicherungen, Aufwendungen für Energie, Wasser, Abwassereinleitung bzw. -beseitigung, Heizung, Reinigung, Steuern, Verwaltungsgebühren. Jegliche Gewinnerzielung aus der Nutzungsüberlassung war untersagt.

15 Die innere Organisation des Volkseigentums ist mit dem Treuhandgesetz vom 17. 6. 1990 und dem Kommunalvermögensgesetz vom 6. 7. 1990 grundlegend verändert, das Institut der Rechtsträgerschaft damit aus der Rechtsordnung der DDR entfernt. Auch das Vertragsgesetz ist mit dem Inkrafttreten des Staatsvertrages und der entsprechenden innerstaatlichen Regelungen aufgehoben worden, das Staatliche Vertragsgericht in die ordentliche Gerichtsbarkeit überführt. Die dargestellten Regelungen haben nur noch insofern Bedeutung, als die korrekte Überführung in neue Rechtsformen und die Entscheidung von Streitigkeiten ohne exakte Kenntnis des bisherigen Rechtszustandes nicht möglich ist. Der alte Rechtszustand bildet den juristischen Anknüpfungspunkt für die Neuregelungen.

So richtet sich z. B. die Zuordnung zum Vermögen der Städte und Gemeinden bzw. der Landkreise im Prinzip danach, wem vor Erlaß des Kommunalvermögensgesetzes die Rechtsträgerschaft an den volkseigenen Grundstücken zustand (vgl. §§ 2, 3 des Gesetzes). Die Übertragung erfolgt durch Übergabe-Übernahme-Protokolle, die einerseits vom Bürgermeister, Oberbürgermeister oder Landrat, andererseits von einem Vertreter der Treuhandanstalt bzw. einem Beauftragten des zuständigen Ministers und gegebenenfalls nach dem VEB-Direktor zu unterschreiben sind. Danach erfolgt die Eintragung ins Grundbuch (§ 7).

1.3. Die Verleihung von Nutzungsrechten an Genossenschaften und gesellschaftlichen Organisationen

Wie im letzten Abschnitt dargestellt (Rdnr 9), können auch Ge- **16**
nossenschaften, Parteien und gesellschaftliche Organisationen sowie deren Betriebe und Einrichtungen, soweit sie juristische Personen sind, die Rechtsträgerschaft an volkseigenen Grundstücken erwerben bzw. erworben haben. Mit der Rechtsträgerschaft am volkseigenen Boden erwerben sie auch die Rechtsträgerschaft an den evtl. darauf errichteten Gebäuden. Wollten sie dagegen auf ihnen in Rechtsträgerschaft übertragenen volkseigenen Flächen selbst Gebäude errichten, dieses Gebäude auch selbst finanzieren und dementsprechend auch Eigentum am Gebäude erwerben, reichte die Übertragung in Rechtsträgerschaft normalerweise nicht aus. Nur die LPG konnten nach ausdrücklicher gesetzlicher Vorschrift an den von ihnen auf volkseigenem Land errichteten Wirtschaftsgebäuden ohne weiteres Eigentum erwerben (§§ 18 und 27 LPG-Gesetz, vgl. Rdnr 109). Die anderen Genossenschaften, insbesondere die Arbeiterwohnungsbaugenossenschaften, aber auch die Parteien und gesellschaftlichen Organisationen und ihre Betriebe

mußten sich, wenn sie dieses Ergebnis erreichen wollten, einer besonderen Rechtsform, nämlich der Nutzungsrechtsverleihung, bedienen.

Die Nutzungsrechtsverleihung als Rechtsform ist vor allem für die Errichtung und den Kauf von Eigenheimen durch Privatpersonen entwickelt worden und praktisch geworden (vgl. Rdnr 47). Sie fand aber auch für die genannten Rechtssubjekte Anwendung, wenn diese ein volkseigenes Grundstück „bebaut haben oder bebauen wollen“ (§ 1 des Gesetzes über die Verleihung von Nutzungsrechten an volkseigenen Grundstücken vom 14. 12. 1970, GBl I Nr. 24, S. 372). Das Nutzungsrecht wurde unbefristet und unentgeltlich verleihen. Es ist auf dem Grundbuchblatt des volkseigenen Grundstücks in Abt. 2 einzutragen (vgl. Rdnr 158). Für das Gebäude wird wie bei Eigenheimen ein besonderes Gebäudegrundbuchblatt angelegt (§ 4 des Gesetzes). Es kann selbständig veräußert werden. Das verliehene Nutzungsrecht wandert in solchen Fällen mit (§ 5). Eine Belastung war dagegen bis zur Abschaffung aller Sonderregelungen für sozialistisches Eigentum im Jahre 1990 unzulässig.

17 Eine ähnliche Konstruktion wie für Gebäude der Genossenschaften, Parteien und gesellschaftliche Organisationen findet sich in der Rechtsordnung der DDR für Gebäude, die fremde Staaten für ihre diplomatischen Vertretungen und deren Mitarbeiter benötigen. Nach einer Verordnung vom 26. 9. 1974, GBl I Nr. 59 S. 555 können in diesen Fällen Nutzungsrechte an unbebauten volkseigenen Grundstücken verliehen und darüber hinaus auch bereits errichtete Gebäude auf volkseigenen Grundstücken unter gleichzeitiger Verleihung eines Nutzungsrechts am Grundstück verkauft werden. Für das Nutzungsrecht ist abweichend von dem bisher dargestellten ein Nutzungsentgelt zu entrichten und außerdem der anteilige Aufwand für die Erschließung zu erstatten (§ 3 der Verordnung). Die Regelungen für die Eintragung im Grundbuch und für die selbständige Veräußerung des Gebäudes folgen dem Grundmodell des Gesetzes über die Verleihung von Nutzungsrechten. Auffällig ist, daß allein für die Bedürfnisse der diplomatischen Vertretungen fremder Staaten auch ein Gebäudeteil-Nutzungsrecht an Büroetagen und Wohnungen in volkseigenen Gebäuden eingeführt wurde (§ 6 der Verordnung). Dieses Gebäudeteil-Nutzungsrecht wird zwar ins Grundbuch eingetragen, kann aber nicht weiterveräußert werden. Obwohl es zweifellos als Rechtsfigur im ZGB hätte Aufnahme finden müssen, wurde das Gebäudeteil-Nutzungsrecht nicht aufgenommen und blieb damit für die Rechtsentwicklung ohne Bedeutung. Der Weg zum Wohnungseigentum oder zu einem dinglichen Wohnrecht wurde nicht beschritten.

2. Die rechtliche Regelung des landwirtschaftlichen Bodeneigentums und seiner Nutzung

2.1. Grundsätze, Landwirtschaftsanpassungsgesetz

18 Die rechtliche Regelung der landwirtschaftlichen Bodennutzung in der DDR beruht auf dem Privateigentum an Grund und Boden, das mit der politischen Wende in der DDR seine tatsächliche und rechtliche Vorrangstellung zurückerhielt. Dies findet seinen rechtlichen Ausdruck in dem Gesetz über die strukturelle Anpassung der Landwirtschaft an die soziale und ökologische Marktwirtschaft in der Deutschen Demokratischen Republik vom 29. 6. 1990 – Landwirtschaftsanpassungsgesetz (GBl I Nr. 42 S. 462). Dieses Gesetz unterteilt sich in seinem 1. Abschnitt in den §§ 1 bis 3 in folgende „Grundsätze":

1. Privateigentum an Grund und Boden und die auf ihm beruhende Bewirtschaftung werden in der Land- und Forstwirtschaft in vollem Umfang wiederhergestellt und gewährleistet.
2. Alle Eigentums- und Wirtschaftsformen, die bäuerlichen Familienwirtschaften und freiwillig von den Bauern gebildete Genossenschaften wie andere landwirtschaftliche Unternehmen erhalten im Wettbewerb Chancengleichheit.
3. Es sind eine vielfältig strukturierte Landwirtschaft und Voraussetzungen für die Wiederherstellung leistungs- und wettbewerbsfähiger Landwirtschaftsbetriebe zu schaffen, um die in ihnen tätigen Menschen an der Einkommens- und Wohlstandsentwicklung zu beteiligen.

Das Ziel des Landwirtschaftsanpassungsgesetzes besteht darin, die Dominanz der realsozialistischen LPG und ihre Deformationen abzubauen und die Rahmenbedingungen zu schaffen, sich in eingetragene Genossenschaften umzuwandeln und gleichzeitig Mitgliedern erleichterte Möglichkeiten zu gewähren, als Einzelbauern zu wirtschaften.

Das Landwirtschaftsanpassungsgesetz regelt in Einzelheiten:

– die Entflechtung und Umwandlung der LPG in eine privatrechtliche eingetragene Genossenschaft, deren Mitglieder vorwiegend Eigentümer von Grund und Boden sind und diesen selbst gemeinsam bewirtschaften;
– die Herauslösung von Boden und Vermögen aus der LPG und

die Neuordnung der Bodeneigentumsverhältnisse für solche Mitglieder, die als Einzelbauern wirtschaften wollen;
- die Umstellung der Dauernutzung von Boden, der im Eigentum Dritter steht, auf das Landpachtrecht;
- die Zusammenführung von Boden- und Gebäudeeigentum.

Das Landwirtschaftsanpassungsgesetz enthält folgende Abschnitte:

1. Grundsätze
2. Teilung und Zusammenschluß von landwirtschaftlichen Produktionsgenossenschaften
3. Umwandlung von kooperativen Einrichtungen
4. Umwandlung von LPG in eingetragene Genossenschaften
5. Auflösung einer LPG
6. Bildung bäuerlicher und gärtnerischer Einzelwirtschaften (Familienwirtschaften)
7. Rechtsverhältnisse an genossenschaftlich genutztem Boden, der im Eigentum Dritter steht
8. Verfahren zur Feststellung und Neuordnung der Eigentumsverhältnisse
9. Gerichtliches Verfahren in Landwirtschaftssachen
10. Schlußbestimmungen

2.2. Bodeneigentum der Bauern und der LPG

Literatur:
H. Döring, Von der Bodenreform zu den landwirtschaftlichen Produktionsgenossenschaften, Deutscher Zentralverlag Berlin 1953 (Gesetzessammlung mt Erläuterung und Kommentierung).

Der Bauer ist Eigentümer seines Grund und Bodens oder – **19**
anders ausgedrückt – im Grundbuch eingetragener Eigentümer seiner Grundstücke.

Dieses Eigentum wird durch § 23 Abs. 2 ZGB erfaßt, wenn es dort heißt, daß auf das Eigentum der Handwerker und Gewerbetreibenden die Bestimmungen über das persönliche Eigentum entsprechend anzuwenden sind, sofern nichts anderes festgelegt ist. Wenn das Eigentum der Bauern in diesem Zusammenhang nicht erwähnt wird, so deshalb, weil nach dem Verständnis des ZGB das Eigentum der Bauern im Unterschied zu dem der Handwerker und Gewerbetreibenden nicht mehr individuell genutzt und wirtschaftlich realisiert wird, sondern dies im Rahmen der LPG geschieht.

Für das Eigentum der Bauern gilt folglich die Grundbestimmung des § 24 ZGB: „Der Bürger ist zum Besitz und zur Nutzung der zu seinem Eigentum gehörenden Sachen berechtigt. Er ist berechtigt, über die ihm gehörenden Sachen zu verfügen, insbesondere das Eigentum einem anderen zu übertragen sowie den Besitz und die Nutzung der Sachen einem anderen zu überlassen.« (Bei einer in Aussicht stehenden Übernahme des BGB würden die §§ 903 ff. gelten). In Artikel 2 des Gesetzes zur Änderung und Ergänzung der Verfassung der Deutschen Demokratischen Republik (Verfassungsgrundsätze) vom 17. 6. 1990 (GBl I Nr. 33 S. 299) wird festgelegt: „Privateigentum einschließlich des Erwerbs von Eigentum und eigentumsgleichen Rechten an Grund und Boden sowie an Produktionsmitteln wird gewährleistet . . . Sein Gebrauch soll zugleich dem Wohl der Allgemeinheit und dem Schutz der natürlichen Lebensgrundlagen dienen."

Von großer Bedeutung für das Eigentum der Bauern am Boden sind vor allem

- das Recht, den Boden selbst zu bewirtschaften, ihn deshalb auch entsprechend den Bestimmungen des Statuts aus der LPG nehmen zu können,
- das Recht, den Boden in Fremdbewirtschaftung zu übergeben, ihn also in der Regel zu verpachten,
- das Recht, den Boden zu veräußern und zu belasten, um Grundkredit zu mobilisieren.

Das Bodeneigentum ist seinem Inhalt und seiner Form nach gleich, unabhängig davon, ob es zu Lebzeiten oder von Todes wegen oder im Zuge der Bodenreform erworben wurde. Durch das Gesetz über die Rechte der Eigentümer von Grundstücken aus der Bodenreform vom 6. 3. 1990 (GBl Nr. 17 S. 134) wurden für das Recht zum Besitz, zur Nutzung und zur Verfügung solcher Grundstücke die Bestimmungen des Zivilgesetzbuches eingeführt und entgegenstehende Verfügungsbeschränkungen aufgehoben.

20 Es war das erklärte Ziel der Bodenreform in der damaligen Sowjetischen Besatzungszone, den enteigneten Boden, der etwa die Hälfte der gesamten landwirtschaftlichen Nutzfläche betrug, mit nur wenigen Ausnahmen in Privateigentum landloser und landarmer Bauern zu überführen. (Beachte hierzu die Verordnung über die Bodenreform in der Provinz Sachsen vom 3. 9. 1945, über die landwirtschaftliche Bodenreform vom 10. 9. 1945 im Land Sachsen, die Verordnung über die Bodenreform in Mecklenburg-Vorpommern vom 5. 9. 1945; die Verordnung über die Bodenreform in der Mark Brandenburg vom 6. 9. 1945, das Gesetz über die

Bodenreform in Thüringen vom 10. 9. 1945. – Sämtliche Gesetzestexte und deren Ausführungsbestimmungen bei H. Döring, a.a.O.)

Die starke Sozialpflichtigkeit des landwirtschaftlichen Bodeneigentums jener Zeit findet seinen allgemein verpflichtenden Ausdruck im Gesetz Nr. 45 des Alliierten Kontrollrates vom 20. 2. 1947 zum land- und forstwirtschaftlichen Grundeigentum. Die Bodenreformvorschriften verschärften diese Sozialpflichtigkeit dahingehend, daß sie an die Grenze der Aufhebung des Charakters des Eigentums geriet. In den zitierten Vorschriften heißt es übereinstimmend in ihren Artikeln VI: „Die auf Grund dieser Verordnung geschaffenen Wirtschaften können weder ganz noch teilweise geteilt, verkauft, verpachtet oder verpfändet werden. In Ausnahmefällen kann die Aufteilung oder Verpachtung nur auf Beschluß der Provinzialverwaltung geschehen. Die Wirtschaften erhalten den Boden schuldenfrei."

Das Eigentum an einer Bodenreformwirtschaft konnte später an eine geeignete Person mit staatlicher Genehmigung und in einem entsprechenden Verfahren veräußert werden. Sollte jedoch das zu einer Bodenreformwirtschaft gehörende Wohnhaus eines Mitglieds der LPG an eine Person, die nicht Mitglied der LPG war, veräußert (oder vererbt) werden, so wurde sogar hierfür keine Genehmigung erteilt und das Wohnhaus letztlich der LPG übergeben, um es einem bedürftigen Mitglied zu übertragen. (Vgl. hierzu die Verordnung vom 7. 8. 1975 über die Durchführung des Besitzwechsels bei Bodenreformgrundstücken – GBl I Nr. 35 S. 629 – sowie die Zweite Verordnung vom 7. 1. 1988 über die Durchführung des Besitzwechsels bei Bodenreformgrundstücken – GBl I Nr. 3 S. 25, die beide durch das zitierte Gesetz vom 6. 3. 1990 außer Kraft gesetzt wurden.)

Das durch die Gesetzgebung zur Bodenreform geschaffene Erbrecht war seinem rechtlichen Charakter nach ein striktes Anerbenrecht und sollte die landwirtschaftliche Nutzung dieser Anwesen sichern.

Auch die landwirtschaftliche Produktionsgenossenschaft kann **21**
wie jede andere natürliche und juristische Person Eigentum erwerben, darunter auch Eigentum an Grundstücken. Das Erfordernis hierfür ergibt sich u. a. daraus, daß Grundstücke für die Errichtung von Gebäuden und Anlagen erworben werden müssen. Gleichzeitig kann Grundeigentum zur Mobilisierung von Krediten genutzt werden. Die Erwerbsgründe für Eigentum der LPG sind dieselben wie für andere Eigentümer: Kauf, Schenkung, Erbschaft usw.

Die LPG kann Boden von ihren Mitgliedern, von anderen LPG

oder juristischen Personen sowie vom Staat und der Treuhandanstalt für Landwirtschaft im Wege der Privatisierung dieses Eigentums erwerben.

Die LPG hatten ihre Hoffnung darauf gesetzt, volkseigenen Boden zu günstigen Konditionen zu erwerben, den sie bisher viele Jahre genutzt hatten. Dem sollte das durch den Staatsvertrag aufgehobene Gesetz über die Übertragung volkseigener landwirtschaftlicher Nutzflächen in das Eigentum von LPG vom 6. 3. 1990 (GBl I Nr. 17 S. 135) dienen. Dabei wurde übersehen, daß dieses Gesetz die geforderte Chancengleichheit aller Kaufinteressenten, nämlich neben der LPG auch deren Mitglieder und anderer Einzelpersonen mißachtete. Außerdem gab es keine Sicherung dafür, daß nicht Boden veräußert wurde, dessen rechtliche Herkunft nicht zweifelsfrei ist.

Inzwischen erfolgte bisher noch keine entsprechende Neuregelung dieser Materie.

2.3. Rechtsbeziehungen zwischen dem Mitglied der LPG als Bodeneigentümer und der LPG

22 Diese Rechtsbeziehungen werden durch das Landwirtschaftsanpassungsgesetz auf eine qualitativ neue Grundlage gestellt. Diese Beziehungen sind nicht mehr reine Genossenschaftsbeziehungen, sondern in erster Linie private Eigentumsbeziehungen zwischen dem Mitglied als Eigentümer und der LPG. Damit liegt die Priorität in diesen Beziehungen nicht bei der LPG, sondern beim Bodeneigentümer.

Daher mußte auch folgerichtig § 18 des Gesetzes über die landwirtschaftlichen Produktionsgenossenschaften – LPG-Gesetz – vom 2. 7. 1982 (GBl I Nr. 25 S. 443) in der Fassung des Gesetzes zur Änderung und Ergänzung des Gesetzes über die landwirtschaftlichen Produktionsgenossenschaften – LPG-Gesetz – vom 6. 3. 1990 (GBl I Nr. 17 S. 133) durch den Staatsvertrag aufgehoben werden.

Diese Rechtsvorschrift regelte „das umfassende und dauernde Nutzungsrecht“ der LPG an allen ihr zur unbefristeten Nutzung übergebenen Flächen. Dieses Recht umfaßte im einzelnen die folgenden Befugnisse:

a) Nutzungs- und Kulturarten zu ändern,
b) Meliorationsarbeiten durchzuführen,
c) Wege- und Grabennetzveränderungen vorzunehmen,
d) Neubauten zu errichten und bauliche Veränderungen vorzunehmen,

e) mineralische Rohstoffe, die nach den bergrechtlichen Vorschriften nicht Volkseigentum sind, im Rahmen der bestätigten Pläne zu gewinnen,
f) Boden entsprechend den Bestimmungen des Statuts für die persönliche landwirtschaftliche und kleingärtnerische Nutzung und zum Bau von Eigenheimen bereitzustellen,
g) Boden für die Durchführung gemeinsamer Aufgaben im Rahmen der Kooperation bereitzustellen,
h) Boden staatlichen Organen, sozialistischen Betrieben und Einrichtungen zur Nutzung zu übertragen.

Dieses umfassende und dauernde Nutzungsrecht ging also weit über rein landwirtschaftliche Nutzung hinaus. Es umfaßte das Recht der Bebauung eingebrachter Flächen und sogar das Recht, sie zu anderweitiger Nutzung weiterzugeben.

Das LPG-Gesetz schränkt darüber hinaus das freie Verfügungsrecht des Mitglieds an dem Grundstück mit dem persönlichen Wohnhaus und an anderen Grundstücken mit nicht eingebrachten Gebäuden insofern ein, als es der LPG ein Vorerwerbsrecht für den Fall einräumt, daß „die Grundstücke oder Gebäude für die genossenschaftliche Produktion oder für die Bereitstellung zur Nutzung im Rahmen der persönlichen Hauswirtschaft benötigt werden.“

Diese Bestimmung widerspricht dem Verfassungsgrundsatz des Gesetzes zur Änderung und Ergänzung der Verfassung der DDR vom 17. 6. 1990 zum Eigentum.

Für die Zukunft bieten sich zwei Varianten für die Gestaltung **23**
der Bodenbeziehung zwischen Mitglied und der LPG an: die genossenschaftliche und die zivilrechtliche.

Die genossenschaftliche Regelung beinhaltet die Einbringung des Bodens zu ausschließlich landwirtschaftlicher Nutzung, die Ausreichung von Bodenanteilen und weitere Inhalte durch Statut und andere Beschlüsse der LPG. Die zivilrechtliche Variante bedeutet die Gestaltung der Bodenbeziehungen durch einen Pachtvertrag auf der Grundlage des Landpachtrechts des BGB.

In der Praxis setzt sich immer stärker der Pachtvertrag aus Gründen der größeren Rechtssicherheit, insbesondere hinsichtlich des Pachtgeldes, wie aus steuerrechtlichen Erwägungen durch.

Das Landwirtschaftsanpassungsgesetz fordert als notwendigen Inhalt der Satzung einer landwirtschaftlichen Produktionsgenossenschaft neben den vom Genossenschaftsgesetz geforderten Inhalt u. a. die Gestaltung der Bodenbeziehungen zwischen Mitglied und LPG. Das Gesetz verlangt in der Satzung Festlegungen darüber, „wie die im Eigentum oder Besitz des Mitglieds stehenden Flächen von der Genossenschaft genutzt werden, ob dies auf der Grundlage eines Pachtvertrages oder durch genossenschaftliche Regelungen zu geschehen hat, wie der Inhalt des Vertrages oder der genossenschaftlichen Regelungen periodisch an die Bedingungen des Marktes angepaßt werden und die Gründe sowie Modalitäten der Beendigung der Pacht- und Nutzungsverhältnisse, ob der Eigentümer das Recht hat, einzelne Teile seiner Fläche aus der genossenschaftlichen Nutzung zu nehmen." (§ 31 Ziff. 1 Landschaftsanpassungsgesetz).

Den Genossenschaften ist danach nicht vorgeschrieben, welche Bestimmungen sie im einzelnen in ihr Statut aufzunehmen haben, ihnen wird lediglich vorgeschrieben, daß sie die entsprechenden Fragen überhaupt regeln. Ohne solche Regelungen kann das Statut nicht registriert werden.

24 In dem Pachtvertrag zwischen Mitglied und LPG sind vor allem die folgenden Punkte eindeutig zu regeln:

1. Die Dauer des Pachtvertrages. In der Regel sollte er für die Dauer der Mitgliedschaft gelten und mit ihr zusammen aufgelöst werden. Es kann auch vereinbart werden, daß das Mitglied einzelne Parzellen bzw. Grundstücke der eingebrachten Gesamtfläche gesondert kündigen kann, um sie anderweitig verwerten zu können.
2. Gegenstand des Pachtvertrages ist auf seiten der LPG das ausschließlich landwirtschaftliche Nutzungsrecht, also der Ausschluß anderweitiger Nutzungsarten. Sie müßten jeweils gesondert vereinbart werden.
3. Gegenstand des Pachtvertrages auf seiten des Mitglieds ist der Pachtpreis, dessen Höhe sich aus dem regionalen Pachtmarkt ergibt. Um dessen wechselnde Gegebenheiten berücksichtigen zu können, kann vereinbart werden, den Pachtpreis periodisch, z. B. in 6 oder 12 Jahren, zu überprüfen und neu zu vereinbaren.
4. Es kann der LPG ein Vorkaufsrecht an Pachtflächen für den Fall eingeräumt werden, daß diese an einen Dritten außerhalb der LPG veräußert werden (gem. §§ 306 ff. ZGB).
   Dies kann auch für den Fall geschehen, daß das Mitglied seine Mitgliedschaft beendet und seine Flächen bzw. Grundstücke ganz oder teilweise verkauft.

2.4. Pachtrechtsverhältnisse zwischen LPG und Dritten

Das umfassende und dauernde Nutzungsrecht der LPG an allen 25
von ihr bewirtschafteten Flächen erstreckte sich auch auf die ihr vom Staat übergebenen Bodenflächen. Diese konnten aus verschiedenen Gründen in die Verfügung der zuständigen Kreisbehörde gelangt sein oder unterschiedlichen Eigentümern gehören. Es kann sich um Flächen folgender Kategorien handeln: um Eigentum der Gemeinden und Städte, der Länder, der volkseigenen Güter, des Bodenfonds, in den die enteigneten Ländereien fallen, um an Bauern und andere zu Eigentum übertragen zu werden, sowie um Eigentum Dritter. Hierzu wiederum gehören Flächen, die im Eigentum von Kirchen, von Erben der Mitglieder, die nicht selbst Mitglied der LPG werden, aber auch Flächen, die vom Eigentümer devastiert wurden und vom Staat treuhänderisch verwaltet werden. In den letztgenannten Fällen trat der Staat an die Stelle der LPG und übernahm deren Verpflichtung zur Zahlung von Pacht- und Nutzungsgebühren.

In § 51 Landwirtschaftsanpassungsgesetz wird festgelegt, daß die bestehenden Rechtsverhältnisse am Boden zwischen LPG und zuständiger Kreisbehörde sowie zwischen dieser und dem Eigentümer im Verlaufe eines Jahres nach Inkrafttreten des Gesetzes aufzulösen sind. Das bedeutet, daß die Privilegierung der LPG auf Kosten der Eigentümer beseitigt wird und unmittelbare Rechtsverhältnisse zwischen der LPG als Nutzer und dem Eigentümer hergestellt werden. Die Auflösung dieser Verhältnisse geschieht nicht kraft Gesetzes, sondern bedarf des Tätigwerdens der Beteiligten.

Sie kann in folgender Weise geschehen:

1. Es wird ein Pachtvertrag zwischen der LPG und dem Eigentümer abgeschlossen. Damit werden die Nutzungsverhältnisse in Pachtverhältnisse umgewandelt.
2. Die Auflösung wird mit dem Ziele vereinbart, dem Eigentümer das Verfügungs- und Nutzungsrecht an seinen Flächen (Grundstücken) zu einem vereinbarten Zeitpunkt zurückzugewähren.
3. Ist der Eigentümer zum Abschluß des Pachtvertrages nicht in der Lage, sei es, daß er unbekannt ist, sei es, daß er keinen Vertrag abschließen will, so hat die zuständige Kreisbehörde mit der LPG die Nutzungsbedingungen zu vereinbaren. Die Behörde führt die „Geschäfte" für den Eigentümer. Dem Eigentümer steht in diesen Fällen ein kurzfristiges Kündigungsrecht gem. § 52 Abs. 2 Satz 2 Landwirtschaftsanpassungsgesetz zu.

2.5. Zusammenführung von Gebäude- und Bodeneigentum. Verfahren zur Feststellung und Neuordnung der Eigentumsverhältnisse

26 Das Zivilrecht der DDR kennt das getrennte Eigentum von Boden und Gebäuden. § 27 LPG-Gesetz regelt beispielsweise das selbständige Eigentum an Gebäuden, Anlagen und Anpflanzungen.

Mit Hinblick auf die zu erwartende Wiedereinführung des BGB in der DDR und damit des Grundsatzes, daß dem Grundeigentümer auch das Eigentum an den Gebäuden und anderen mit dem Grund und Boden fest verbundenen Sachen zusteht, enthält das Landwirtschaftsanpassungsgesetz eine Regelung über die Zusammenführung von Boden- und Gebäudeeigentum. Nach § 64 des Gesetzes können die Eigentumsverhältnisse auf Antrag des Eigentümers der Fläche oder des Gebäudes und der Anlagen mit dem genanten Ziel neu geordnet werden. Dafür gilt das vorgesehene Verfahren zur Feststellung und Neuordnung der Eigentumsverhältnisse, das im Landwirtschaftsanpassungsgesetz geregelt wurde.

Auch die Tatsache, daß aus objektiven Gründen nicht immer die eingebrachten Grundstücke an die Mitglieder bei deren Ausscheiden zurückgegeben werden können, führt zur Notwendigkeit des Eigentumstausches an Grundstücken und damit der Neuordnung der Eigentumsverhältnisse.

Auf Grund des Ausscheidens von Mitgliedern aus der LPG oder der eingetragenen Genossenschaft, der Bildung einzelbäuerlicher Wirtschaften oder zur Wiederherstellung der Einheit von Eigentum an Gebäuden, Anlagen sowie Anpflanzungen und Eigentum an Grund und Boden sind folglich auf Antrag eines Beteiligten die Eigentumsverhältnisse an Grundstücken unter Beachtung der Interessen der Beteiligten neu zu ordnen. Das gilt entsprechend, wenn genossenschaftlich genutzte Flächen vom Eigentümer gekündigt und zur Bildung oder Veräußerung bäuerlicher oder gärtnerischer Einzelwirtschaften verpachtet werden. (§ 53 Abs. 1 Landwirtschaftsanpassungsgesetz)

27 Die Neuordnung der Eigentumsverhältnisse erfolgt

- durch freiwilligen Landtausch oder
- durch ein von der zuständigen Behörde angeordnetes Bodenordnungsverfahren.

Die Regelung dieser Verfahren erfolgt durch den 8. Abschnitt des Landwirtschaftsanpassungsgesetzes und hilfsweise durch sinngemäße Anwendung des Flurbereinigungsgesetzes der Bundesrepublik Deutschland in der Fassung der Bekanntmachung vom

16. 3. 1976 (BGBl. I S. 546), zuletzt geändert durch Gesetz vom 3. 12. 1986 (BGBl. I S. 2191).

Zur Regelung der neuen Eigentumsverhältnisse ist in erster Linie freiwilliger Landtausch anzustreben.

Die Eigentümer der Tauschgrundstücke vereinbaren als Tauschpartner den freiwilligen Landtausch unter Berücksichtigung der Nutzungsart, Beschaffenheit, Güte und Lage der Flächen. Sie beantragen dessen Durchführung bei der Flurneuordnungsbehörde.

Der Tauschplan ist mit den Tauschpartnern in einem Anhörungstermin zu erörtern. Er ist den Tauschpartnern zur Genehmigung sowie zur Unterschrift vorzulegen.

Wird eine Einigung über den Tauschplan erzielt, ordnet die Flurneuordnungsbehörde die Ausführungen des Tauschplanes an. Die Grundbücher sind nach dem Tauschplan zu berichtigen. Im übrigen sind die Vorschriften der §§ 103a bis 103i des Flurbereinigungsgesetzes der Bundesrepublik Deutschland sinngemäß anzuwenden (§ 55 des Landwirtschaftsanpassungsgesetzes).

Kommt ein freiwilliger Landtausch nicht zustande, ist unter Lei- **28**
tung der Flurneuordnungsbehörde, in deren Bereich die Genossenschaft ihren Sitz hat, ein Bodenordnungsverfahren durchzuführen. Am Verfahren sind als Teilnehmer die Eigentümer der zum Verfahrensgebiet gehörenden Grundstücke und als Nebenbeteiligte die Genossenschaften, die Gemeinden, andere Körperschaften des öffentlichen Rechts, Wasser- und Bodenverbände und Inhaber von Rechten an Grundstücken im Verfahrensgebiet beteiligt.

Die Flurneuordnungsbehörde hat die Beteiligten auf der Grundlage der Eintragungen im Grundbuch zu ermitteln. Jeder Teilnehmer muß für die von ihm abzutretenden Grundstücke durch Land vom gleichen Wert abgefunden werden. Die Landabfindung soll in der Nutzungsart, Beschaffenheit, Bodengüte und Lage seinen alten Grundstücken entsprechen. Ein Teilnehmer kann mit seiner Zustimmung statt in Land überwiegend oder vollständig in Geld abgefunden werden. Die Flurneuordnungsbehörde faßt die Ergebnisse des Verfahrens in einem Plan zusammen. Vor der Aufstellung des Planes sind die Teilnehmer über ihre Wünsche für die Abfindung zu hören. Der Plan ist den Beteiligten bekanntzugeben. Die neue Feldeinteilung ist ihnen auf Wunsch an Ort und Stelle zu erläutern.

Die Beteiligten können innerhalb einer Frist von zwei Wochen nach Bekanntgabe des Planes gegen diesen Widerspruch bei der Flurneuordnungsbehörde einlegen. Wird dem Widerspruch nicht stattgegeben, so ist innerhalb von zwei Wochen nach Zustellung des Widerspruchsbescheides Klage beim Landwirtschaftsgericht zulässig. Ist der Plan unanfechtbar geworden, ordnet die Flurneuordnungsbehörde seine Ausführung an.

Zu dem in der Ausführungsanordnung zu bestimmenden Zeitpunkt tritt der im Plan vorgesehene neue Rechtszustand an die Stelle des bisherigen. Nach Eintritt des neuen Rechtszustandes sind die Grundbücher nach dem Plan zu berichtigen.

2.6. Zur Regelung von offenen Eigentumsfragen, Treuhandschaft in der Landwirtschaft

29 Unter den etwa 6 Millionen Hektar landwirtschaftlicher Nutzfläche im Gebiet der DDR befindet sich ein beträchtlicher Anteil, dessen rechtliches Schicksal nicht definitiv geklärt ist. Es handelt sich hier vor allem um solche Bodenflächen, deren Eigentümer die DDR verließen, um sich in der Bundesrepublik Deutschland oder in anderen Ländern niederzulassen, ohne ihre Eigentumsrechte selbst aufgeben zu wollen.

In der Gemeinsamen Erklärung der Regierungen der BRD und der DDR zur Regelung offener Vermögensfragen vom 15. 6. 1990 wird u. a. festgelegt: „Enteignetes Grundvermögen wird grundsätzlich unter Berücksichtigung der unter a) und b) genannten Fallgruppen den ehemaligen Eigentümern und ihren Erben zurückgegeben." Das betrifft in nicht unbeträchtlichem Umfang nach 1949 enteigneten landwirtschaftlichen Grundbesitz.

Im folgenden sei ein knapper Überblick zu dieser Problematik für die Zeit unmittelbar nach 1945 und in den fünfziger Jahren gegeben. In dieser Zeit gab es eine umfangreiche Gesetzgebung, die der Sicherung einer vollständigen Nutzung aller landwirtschaftlich genutzten Flächen dienen sollte und mit diesem Ziel immer stärker in das bestehende Privateigentum am Boden eingriff. Dabei werden sowohl die Kompliziertheit der Rechtslage wie die Schwierigkeiten bei ihrer Beurteilung deutlich.

30 In der unmittelbaren Nachkriegsperiode herrschte Alliierten-Recht auch in bezug auf die hier in Frage stehende Problematik. So wurde beispielsweise durch Befehl Nr. 159/181 der Sowjetischen Militäradministration in Deutschland (SMAD) vom 21. 5. 1946 mit dem Titel „Übergabe des enteigneten und beschlagnahmten Vermögens in Besitz und Nutznießung der deutschen Selbstverwaltung" auch herrenloses Vermögen erfaßt, ohne daß seine ei-

gentumsrechtliche Lage verändert wurde. (Vgl. ferner den Befehl Nr. 126 der SMAD vom 30. 10. 1945 über die Beschlagnahme und provisorische Übernahme einiger Vermögenskategorien in Deutschland). Erst mit der Verordnung über nichtbewirtschaftete landwirtschaftliche Nutzflächen vom 8. 2. 1951 (GBl Nr. 16 S. 75) wurde gem. § 11 Abs. 5 festgelegt, daß Flächen, bei denen „Eigentum von Dritten nicht nachgewiesen werden kann", auf Beschluß des Ministeriums des Innern in Volkseigentum übergingen.

Durch das Gesetz Nr. 45 des Alliierten Kontrollrates betreffend Aufhebung der Erbhofgesetze über land- und forstwirtschaftliche Grundstücke vom 20. 2. 1949 (Amtsblatt des Kontrollrates S. 256) und die deutsche Ausführungsgesetzgebung hierzu im Bereich der Sowjetischen Besatzungszone (AO der Deutschen Wirtschaftskommission vom 23. 2. 1949 – Zentralverordnungsblatt Nr. 24 S. 191 sowie entsprechende Ausführungsbestimmungen vom 10. 3. 1949 – a.a.O. S. 193 – sowie vom 12. 5. 1951 – GBl Nr. 59 S. 437) wurde die Pflicht zur ordnungsgemäßen Bewirtschaftung aller landwirtschaftlicher Nutzflächen begründet. Im Falle der Verletzung dieser Pflicht konnte eine zinslose Zwangsverpachtung der nichtbewirtschafteten Flächen angeordnet werden oder die Einsetzung einer Aufsichtsperson zur Beaufsichtigung ordnungsgemäßer Nutzung. Ziel dieser Maßnahmen war die Wiederherstellung der Effizienz des privaten Unternehmens.

Im Zusammenhang mit der Nichterfüllung von Ablieferungs- **31**
verpflichtungen, besonders bei größeren Bauernwirtschaften, wurden auch Zwangsmaßnahmen unterschiedlicher Art angeordnet. Dies führte zu einem verstärkten Weggang von Bauern aus der DDR, ohne daß sie über ihr Eigentum Verfügungen trafen. Zur Sicherung der Bewirtschaftung der devastierten landwirtschaftlichen Betrieb wurde am 26. 3. 1952 eine entsprechende Verordnung erlassen (GBl Nr. 38 S. 226). Danach wurde für solche Betriebe vom Landrat ein Treuhänder eingesetzt.

Diese Regelung wurde wesentlich verschärft durch die Verordnung zur Sicherung von Vermögenswerten vom 17. 7. 1952 (GBl Nr. 100 S. 615). Sie verfügte die Beschlagnahme des Vermögens von Personen, die die DDR unter Mißachtung der polizeilichen Meldepflichten verlassen hatten. Dieses Vermögen „wird nach den Vorschriften über die Durchführung der demokratischen Bodenreform behandelt" und konnte „auf Beschluß des Rates des Kreises einer LPG oder einem VEG zur unentgeltlichen Nutzung übergeben werden." (§ 1 Abs. 2 der Verordnung)

Das gleiche gilt übrigens für das Eigentum von Personen, die aus dem Grenzbereich zur Bundesrepublik zwangsweise ausgesiedelt wurden (§ 3 der Verordnung).

Mit der Verordnung zur Sicherung der landwirtschaftlichen Produktion und der Versorgung der Bevölkerung vom 19. 2. 1953 (GBl Nr. 25 S. 329) wurde in § 1 der folgende weitergehende „Rechtsgrundsatz" festgelegt: „Besitzern von landwirtschaftlichem Grundbesitz, die gegen die Gesetze der DDR verstoßen und die Bestimmungen über die ordnungsgemäße Bewirtschaftung grob verletzt haben, kann durch Entscheidung des Rates des Kreises oder Beschluß des Gerichtes die weitere Bewirtschaftung ihres Grundbesitzes untersagt werden. Der nicht ordnungsgemäß bewirtschaftete Grundbesitz ist in die Verwaltung des Rates des Kreises zu nehmen".

Die Eigentümer konnten darüber hinaus im Verwaltungsweg mit ihrem gesamten Vermögen herangezogen werden, „um die durch ihre schlechte Wirtschaftsführung aus volkseigenen Mitteln notwendig gewordenen Aufwendungen zu erstatten". (§ 5 Abs. 1 der Verordnung)

Der in staatliche Verwaltung übernommene Grundbesitz war bevorzugt LPG zur Nutzung zu übergeben (§ 6 Abs. 1 der Verordnung). Bei all diesen Regelungen fällt zumindestens zweierlei auf:

1. Die Regelungen ergingen als Verordnungen der Regierung, die keinerlei Grundlage in einem Gesetz der Volkskammer hatten.
2. Es gab kein rechtsstaatliches Verfahren für den Entzug oder die Beschränkung des Eigentumsrechtes der Betroffenen.

32 Im Juni 1953 wurde der „Neue Kurs" verkündet. In diesem Zusammenhang wurden einige dieser ausgesprochen repressiven Vorschriften aufgehoben, so die Verordnung vom 17. 7. 1952 (siehe Verordnung vom 11. 6. 1953 – GBl Nr. 78 S. 805 –) und die Verordnung zur Sicherung der landwirtschaftlichen Produktion und der Versorgung der Bevölkerung vom 19. 2. 1953 (siehe Verordnung vom 11. 6. 1953 – GBl Nr. 78 S. 806, vgl. auch Rdnr 75). Danach erhielten alle „republikflüchtigen Personen" ihr beschlagnahmtes Eigentum zurück. War in Einzelfällen eine Rückgabe dieses Eigentums nicht möglich, so war Ersatz zu leisten. Für Bauern wurde ausdrücklich festgelegt: „Ist eine Rückgabe ihres landwirtschaftlichen Besitzes in Ausnahmefällen nicht möglich, so erhalten sie vollwertigen Ersatz. Es wird ihnen mit Krediten und landwirtschaftlichem Inventar geholfen, ihre Wirtschaften weiterzuführen." (§ 2 Abs. 2 der Verordnung)

Diese Regelung anullierte jedoch nur die Eingriffe in das Eigentum derjenigen, die zurückgekehrt waren. Hinsichtlich des Eigentums derjenigen, die nicht zurückkehrten, wurden durch die Verordnung über die Bewirtschaftung freier Betriebe und Flächen und die Schaffung von Betrieben der örtlichen Landwirtschaft vom 3. 9. 1953 (GBl Nr. 99 S. 993) zwei neue Grundsätze aufgestellt:

1. Landwirtschaftsbetriebe, die von LPG genutzt wurden, verblieben in ihrer unentgeltlichen Nutzung.
2. Kehrte der Eigentümer zurück, wurden alle Fragen, die sich aus seinem früheren Besitz ergeben, durch den Rat des Kreises geregelt (§ 1 der Verordnung).

Eigentümer von Betrieben, die in der DDR lebten und ihre Wirtschaften nicht wieder übernehmen wollten, konnten ihr Eigentum an die nutzende LPG veräußern oder verpachten. Für die Pacht wurden Pachtrichtsätze festgelegt. Wurde der Betrieb nicht von einer LPG, sondern von einem örtlichen Landwirtschaftsbetrieb (ÖLB) übernommen, kam dieser nur für die öffentlichen Lasten auf (Nutzungsverträge).

1955 schließlich trat in die Pacht- bzw. Nutzungsverträge an- **33**
stelle des Bewirtschafters der Rat des Kreises ein, der die landwirtschaftliche Nutzfläche seinerseits an die LPG zur kostenlosen Nutzung überließ (VO vom 20. 1. 1955, GBl I Nr. 10 S. 97).

Mit diesem Rechtsakt fand die Gesetzgebung, die über Zwangsverpachtung, Treuhand, Enteignung und in ähnlichen Formen der Eingriffe in das Eigentum die vollständige Nutzung der landwirtschaftlichen Flächen sichern sollte, ihren Abschluß. Die weitere Entwicklung vollzog sich über das LPG-Recht. Hinsichtlich der „Behandlung" des Eigentums von Übersiedlern bzw. Flüchtlingen galten die allgemeinen Regeln (vgl. Rdnr 76–78).

Von besonderem Gewicht für die Eigentümer bäuerlicher Betriebe wurde die VO vom 11. 12. 1968, die die Möglichkeit für den Verwalter beschlagnahmter Vermögenswerte eröffnete, diese Vermögenswerte bei Überschuldung zu veräußern.

An erster Stelle sollten solche Vermögenswerte an diejenigen veräußert werden, die sie bereits nutzten, also LPG und VEG. Boden wurde allerdings nur zugunsten des Volkseigentums erworben. Andere Vermögenswerte konnten auch an Bürger verkauft werden.

Die Veräußerung von Boden an den Staat geschah zu den vom Staat festgelegten niedrigen Grundstückspreisen und in einem Verfahren, das nicht rechtsstaatlichen Grundsätzen entsprach. Der Eigentümer hatte nicht die geringste Möglichkeit, seine Interessen geltend zu machen. Es müssen daher ernste Zweifel an der Legalität solcher „Veräußerungen" geäußert werden.

2.7. Der Schutz der landwirtschaftlichen Bodennutzung

Literatur:
Agrarrecht, Grundriß, 3. Auflage, Berlin 1984; Oehler u. a., Die staatliche Leitung der Bodennutzung – Rechtsfragen, Staatsverlag Berlin 1985, Ziff. 3

34 Wenn in diesem Abschnitt von Schutz der landwirtschaftlichen Bodennutzung gesprochen wird, so handelt es sich hier um das Verhältnis von landwirtschaftlicher zu nichtlandwirtschaftlicher Bodennutzung. Es handelt sich nicht um Fragen des Schutzes der Umwelt in der Landwirtschaft. Zur rechtlichen Regelung des Schutzes der Umwelt, der Pflanzen und der Tierbestände in der Landwirtschaft vgl. Grundriß Agrarrecht, a.a.O. S. 218ff.

Nach Artikel 15 Abs. 1 Satz 2 der Verfassung der DDR darf land- und forstwirtschaftlich genutzter Boden nur mit Zustimmung der verantwortlichen staatlichen Organe seiner Zweckbestimmung entzogen werden. Damit wird die Priorität der land- und forstwirtschaftlichen Bodennutzung gegenüber allen anderen Nutzungsarten rechtlich begründet und fixiert.

Dieser Verfassungsgrundsatz orientiert zwar äußerlich auf den Schutz einer bestimmten Nutzungsart und nicht auf das Eigentum im Bereich der Land- und Forstwirtschaft. Da jedoch die land- und forstwirtschaftliche Nutzung ausschließlich von Genossenschaften und von Staatsbetrieben ausgeübt wurde, war dieser Schutz zugleich der Schutz der Nutzung dieser Rechtssubjekte. Davon zeugt auch § 21 LPG-Gesetz, der die umfassende und dauernde genossenschaftliche Bodennutzung unter den Schutz des sozialistischen Staates stellt. Er legt fest: „Der LPG darf Boden nur auf der Grundlage von Gesetzen oder Verordnungen und gegen Entschädigung dauernd oder zeitweilig entzogen oder in der Nutzung beschränkt werden."

35 Der Rechtsschutz des landwirtschaftlichen Bodens wird durch eine Reihe von Rechtsinstituten verwirklicht. Zu ihnen gehören:
- der Schutz des landwirtschaftlichen Bodens vor dauerndem Entzug;
- der Schutz des landwirtschaftlichen Bodens bei zeitweiligem Entzug, Mitnutzung und Beschränkung der landwirtschaftlichen Nutzung;
- der Ausgleich von wirtschaftlichen Nachteilen beim dauernden oder zeitweiligen Entzug von landwirtschaftlichem Boden;
- der Schadenersatz für unrechtmäßige Beschränkung der landwirtschaftlichen Bodennutzung;

- besondere Sanktionen;
- Genehmigung der Änderung der Nutzungsarten, Kulturarten und Nutzungsrechtsverhältnisse.

Die entsprechenden rechtlichen Regelungen sind vor allem in der Verordnung zum Schutz des land- und forstwirtschaftlichen Bodens und zur Sicherung der sozialistischen Bodennutzung – Bodennutzungsverordnung – vom 26. 2. 1981 (GBl I Nr. 10 S. 105) sowie der Verordnung über Bodennutzungsgebühr vom 26. 2. 1981 (GBl I Nr. 10 S. 116) zu finden.

In § 10 der Bodennutzungsverordnung wird der Schutz des landwirtschaftlichen Bodens vor dauerndem Entzug geregelt. Danach ist ein Entzug nur möglich, wenn keine anderen Bodenflächen für den beabsichtigten Zweck objektiv zur Verfügung stehen und entsprechende Beschlüsse der Volksvertretungen und entsprechender Räte, insbesondere auf der Ebene der Bezirke, gefaßt werden. Es wird angestrebt, den Entzug landwirtschaftlicher Flächen zu minimieren. Wird landwirtschaftlicher Boden dauernd entzogen, ist die Aufrechterhaltung des Produktionsumfanges der Landwirtschaftsbetriebe zum Zeitpunkt des Entzuges zu gewährleisten. Die dafür notwendigen Maßnahmen sollten rechtzeitig vorbereitet werden und durchgeführt werden.

Der Schutz der Nutzung des landwirtschaftlichen Bodens bei zeitweiligem Entzug, Mitnutzung und der Beschränkung der Nutzung wird in § 11 der Bodennutzungsverordnung geregelt. Diese Regelung greift Platz, wenn

a) der landwirtschaftliche Boden nur vorübergehend bis zu fünf Jahren benötigt wird;
b) durch eine vorübergehende nichtlandwirtschaftliche Nutzung höchstens bis zu einem Jahr die weitere bestimmungsgemäße landwirtschaftliche Nutzung der Bewirtschaftungseinheit möglich bleibt;
c) die landwirtschaftliche Nutzung des Bodens hinsichtlich des Anbaus, der Bearbeitung und Bebauung dauernd oder zeitweilig beeinträchtigt wird oder sonstwie zu Ertragsminderungen führt, ohne daß der Boden selbst vom nichtlandwirtschaftlichen Nutzer direkt beansprucht wird.

Ist der Entzug oder die Beschränkung der landwirtschaftlichen **36**
Nutzung unabdingbar, so war anzustreben, daß die landwirtschaftliche Produktion auf den verbleibenden Flächen so intensiviert wird, daß Ertragsverluste ausgeglichen werden können. Die betroffenen Landwirtschaftsbetriebe haben einen Anspruch auf Ausgleich der durch den Entzug oder die Beschränkung der land-

wirtschaftlichen Bodennutzung entstehenden wirtschaftlichen Nachteile (§ 17 Bodennutzungsverordnung; vgl. ferner die 1. Durchführungsbestimmung zur Bodennutzungsverordnung – Ausgleich der Wirtschaftserschwernisse – vom 28. 5. 1968 – GBl II Nr. 56 S. 295; Berichtigung GBl II Nr. 116 S. 918).

Der Ausgleich der wirtschaftlichen Nachteile erfolgt in erster Linie durch komplexe Maßnahmen, darunter durch entsprechende Folgeinvestitionen, die entsprechend der früheren Planungsordnung von den nichtlandwirtschaftlichen Nutzern durchzuführen war. Erst für Nachteile, die dadurch nicht ausgeglichen werden konnten, war ein finanzieller Ausgleich zu gewähren.

Nach § 18 Abs. 1 sind nichtlandwirtschaftliche Bodennutzer verpflichtet, wenn sie ohne Vertrag Boden, Gebäude und Anlagen der land- und forstwirtschaftlichen Nutzung entziehen, mitnutzen, beschränken, in anderer Weise beeinträchtigen oder das im Zustimmungsverfahren festgelegte oder das vereinbarte Ausmaß der nichtlandwirtschaftlichen Nutzung überschreiten, allen dadurch entstehenden Schaden zu ersetzen, d. h. auch den Schaden bei den kooperierenden Partner der Tierproduktion. Das gleiche gilt, wenn nicht spätestens unverzüglich nach erteilter Zustimmung dem sozialistischen Landwirtschaftsbetrieb der Abschluß des Vertrages angeboten wurde. Das Staatliche Vertragsgericht hat in seiner Spruchpraxis Grundsätze der Anwendung des bodenrechtlichen Schadenersatzes herausgearbeitet. Es stellte insbesondere fest, daß diese Bestimmung „als spezialrechtliche Regelung für den Schadenausgleich bei landwirtschaftlicher Nutzfläche der Anwendung zivilrechtlicher Bestimmungen vorgeht“. Erforderlich ist „lediglich die Kausalität zwischen Verursachung und Schadenseintritt für die Schadenersatzverpflichtung des nichtlandwirtschaftlichen Nutzers ..., nicht aber seine Verantwortlichkeit“. (Vgl. Aus der Spruchpraxis des Staatlichen Vertragsgerichts, Bd. 6, Berlin 1977, S. 178 f. Beachte ferner die in demselben Band veröffentlichten Entscheidungen auf S. 180 ff. und S. 185 ff.)

37 Nach § 18 Abs. 2 Bodennutzungsverordnung können Landwirtschaftsbetriebe die sofortige Einstellung der Maßnahmen des nichtlandwirtschaftlichen Nutzers auf land- und forstwirtschaftlich genutzten Boden, für die kein Vertrag vorliegt, verlangen.

Entsprechend der Bodennutzungsverordnung sind betreffende landwirtschaftliche wie auch nichtlandwirtschaftliche Nutzer mit Sanktionen (§ 21) und Ordnungsstrafen (§ 23) bei Vorliegen der gesetzlichen Voraussetzungen zu belegen.

§ 8 Bodennutzungsverordnung verpflichtet die Landwirtschaftsbetriebe, Änderungen der Nutzungs- und Kulturarten bei den zuständigen staatlichen Behörden zu melden und zur Genehmigung vorzulegen.

Schließlich verpflichtet § 12 der Bodennutzungsordnung die Betriebe zu einer Reihe von Maßnahmen des speziellen Schutzes des Kulturbodens und des kulturfähigen Bodens sowie zur optimalen Wiederurbarmachung und Qualitätsverbesserung der Rückgabeflächen.

Ausgehend von der Bodennutzungsverordnung wurde eine 38
Verordnung über Bodennutzungsgebühr am 26. 2. 1981 erlassen. Ihr erklärtes Ziel bestand darin, mit Hilfe verhältnismäßig hoher Geldbeträge je Hektar entzogener Fläche die Investoren in Boden dazu anzuhalten, den Bodenentzug zu ihren Gunsten auf ein Minimum zu beschränken und möglichst nichtlandwirtschaftliche Bodenflächen zu nutzen. (So konnten beispielsweise für den dauernden Entzug von einem Hektar Ackerland 60000 bis 400000 Mark Nutzungsgebühr erhoben werden. Im Einzelnen vgl. Agrarrecht, a.a.O. S. 130.)

Die Nutzungsgebühren, die neben den Wirtschaftserschwernissen und der Eigentümerentschädigung zu entrichten waren, wurden einem staatlichen Fonds zugeführt, der in erster Linie für die Finanzierung von Maßnahmen zur Erhöhung der Bodenfruchtbarkeit, für weitere Intensivierungsmaßnahmen und Maßnahmen der Neulandgewinnung zu verwenden war.

Eine Fortführung der dargestellten Maßnahmen des speziellen Schutzes der landwirtschaftlichen Bodennutzung ist äußerst problematisch. Die Verordnung über Bodennutzungsgebühr ist inzwischen bereits aufgehoben (vgl. VO über die Änderung oder Aufhebung von Rechtsvorschriften vom 28. Juni 1990, GBl I Nr. 38 S. 509, § 12).

Für eine Aufhebung oder zumindest eine entschiedene Verände- 39
rung der erläuterten Vorschriften über den Schutz der landwirtschaftlichen Bodennutzung insgesemt sprechen die folgenden Überlegungen:

1. Die auf Autarkie und schrankenlose Steigerung der landwirtschaftlichen Produktion abgestellte bisherige Agrarpolitik wird durch eine marktwirtschaftlich orientierte Agrarpolitik im Rahmen der Europäischen Gemeinschaft abgelöst, in der landwirtschaftlich genutzter Boden seinen bisherigen volkswirtschaftlichen Stellenwert verliert. Es macht sich im Gegenteil erforderlich, solchen Boden in beträchtlichem Maße „stillzulegen“, also anderweitig, insbesondere forstwirtschaftlich zu nutzen.

2. Es ist nicht mehr zeitgemäß, die bloße Bodennutzung und nicht das Bodeneigentum zu schützen, also die Priorität der LPG und der staatlichen Landwirtschaftsbetriebe zu bewahren. In Zukunft wird der Grundstücksmarkt mit seinen Preisen die Funktion der Verteilung vom Boden auf die verschiedenen Volkswirtschaftszweige übernehmen. Die Erfordernisse des Landschaftsschutzes bleiben unberührt.

Ein gewisser administrativer Schutz der landwirtschaftlichen Bodennutzung soll allerdings für eine Übergangszeit erhalten bleiben, damit die DDR-Landwirtschaftsbetriebe nicht existentiell wichtige Bodenflächen an vermögende private Investoren aus der BRD verlieren. Bei Verkauf und Verpachtung für land- und forstwirtschaftlich zu nutzenden Boden ist deshalb natürlichen und juristischen Personen, die vor dem 7. Oktober 1989 ihren Wohnsitz bzw. Sitz nicht in der DDR hatten, das Kauf- und Pachtrecht laut § 53 Abs. 3 des Landwirtschaftsanpassungsgesetzes „für eine Übergangszeit vorzuenthalten". Falls innerhalb von 6 Monaten nach Angebot kein Käufer oder Pächter aus den Ländern der jetzigen DDR gefunden wird, soll die Flurneuordnungsbehörde befinden.

2.8. Die Wiederurbarmachung von Bodenflächen als Sonderproblem

Literatur:
M. Mücke (Hrsg.), Bergrecht. 1985, S. 160 ff.; ders., Zum Gegenstand und Inhalt des Wiederurbarmachungsvertrages, Neue Bergbautechnik 1987, S. 274 ff.

40 **2.8.1. Vorbemerkungen.** Über 90% der mineralischen Rohstoffe werden in der DDR im Tagebau gewonnen. In den zurückliegenden anderthalb Jahrzehnten wurden jährlich etwa 3000 ha Bodenflächen vor allem einer land- und forstwirtschaftlichen Nutzung zugunsten des Bergbaus entzogen. Die großflächigen Zerstörungen und Beeinträchtigungen des Bodens und der Landschaft, wie sie insbesondere der Tagebaubetrieb mit sich bringt, erfordern die Beseitigung der Einwirkungen mit Beendigung des Bergbaus und die planmäßige Gestaltung einer Bergbaufolgelandschaft zur Befriedigung unterschiedlichster ökonomischer, ökologischer, kultureller u. a. Bedürfnisse in den ehemaligen Bergbaugebieten. Es bedarf der Neuformung der Landschaft. Grundlage dafür ist die ordnungsgemäße Herrichtung der Tagesoberfläche durch den

Bergbau für eine Folgenutzung, d. h. die Wiederurbarmachung. Zur Wiederurbarmachung ist gem. § 15 Abs. 2 Berggesetz der Bergbautreibende verpflichtet, der die Bodenflächen zur Durchführung bergtechnischer Arbeiten beeinträchtigt hat. Eine Beeinträchtigung entsteht z. B. bei Feldarbeiten für geologische Untersuchungen (die Nutzung der Bodenflächen erfolgt hierbei zumeist weniger als ein Jahr) oder vor allem durch die Devastierung des Bodens, weil die Fläche als Tagebaubetriebsfläche beansprucht wird. Die Art und Zeitdauer der Nutzung der Bodenfläche (z. B. zeitweilige oder dauernd umfassende Nutzung) hat auch Einfluß auf die anzuwendende rechtliche Regelung. Die Wiederurbarmachung von Bodenflächen, die dauernd umfassend genutzt werden, hat eine Spezialregelung in der Wiederurbarmachungsanordnung vom 4. November 1985 (GBl I Nr. 33 S. 369) erfahren; Inhalt und Umfang der Wiederurbarmachung ergeben sich ansonsten allgemein für die Bergbaubetriebe aus §§ 13 ff. Berggesetz und den §§ 22 ff. der aktuellen Fassung der 1. DVO vom 12. Mai 1969 zum Berggesetz (GBl II Nr. 40 S. 257; zuletzt 1985 geändert).

Die Konzeption des Gesetzgebers für das Wiederurbarmachungsrecht geht davon aus, daß im Vordergrund die Wiederherstellung der natürlichen Ressource „Boden" steht. So ist auch die eigenständige Regelung im Bergrecht zu erklären. Die Wiederurbarmachungsregelung umfaßt allerdings nicht nur die Herrichtung des Bodens im engeren Sinne, sondern auch die Wiederurbarmachung von Halden und die Vorbereitung von Tagebaurestlöchern (§§ 14, 15 der Wiederurbarmachungsanordnung) für eine Folgenutzung.

2.8.2. Grundsätze. Heute wird das Wiederurbarmachungsrecht in der DDR von drei Grundsätzen beherrscht: **41**

1. Die Rechtspflicht zur Wiederurbarmachung wird dem Bergbautreibenden als dem Verursacher z. B. der Devastierung auferlegt. Die Wiederurbarmachung umfaßt dabei die betrieblichen Maßnahmen zur Herrichtung der Bodenflächen für eine Folgenutzung, wobei die öffentlichen Interessen und die Interessen des Folgenutzers zu berücksichtigen sind. Dazu gehört nicht mehr die Rekultivierung der Bodenflächen (§ 14 i.V.m. § 15 Abs. 2 Berggesetz). Die Rekultivierung ist auf die Herstellung der vollwertigen Bodenfruchtbarkeit durch den Folgenutzer gerichtet und wird durch staatliche Mittel gefördert. (Vgl. Rekultivierungsanordnung vom 23. Februar 1971 – GBl II Nr. 30 S. 245 – in der aktuellen Fassung aus dem Jahre 1984.) Vorrangig sind die

Bodenflächen für eine landwirtschaftliche Nutzung wieder urbar zu machen. Ist eine landwirtschaftliche Nutzung nicht zu erreichen oder entspricht sie nicht den öffentlichen Interessen, sind die Bodenflächen für forstwirtschaftliche oder sonstige Zwecke wieder urbar und rekultivierbar zu machen (§ 13 Abs. 1 Berggesetz). Daß der Gesetzgeber den Bergbau als Verursacher in die Pflicht nimmt, liegt darin begründet, daß die Wiederurbarmachung nicht erst mit der Stillegung der bergbaulichen Tätigkeit beginnen kann. Sie muß vom Augenblick der Planung und Projektierung an bis zum Tagebauaufschluß und bis zur Erschöpfung des Tagebaus Gegenstand der bergtechnischen Arbeiten sein. So ist im Tagebaubetrieb durch die Aushaltung geeigneter kulturfähiger Bodenschichten, eine entsprechende Kippengestaltung oder die Gestaltung der bleibenden Böschung von der künftigen Nutzung auszugehen.

2. Der Staat bestimmt Ziel, Art und Umfang der Wiederurbarmachung und den Folgenutzer.
   Die Verwaltungsorgane (bisher: Räte der Bezirke) geben den Bergbaubetrieben (oder sollten es zumindest – bei Steine-Erden-Bergbau ist das häufig nicht so) Angaben für die Wiederherstellung, den Grundaufbau und die Neugestaltung der Landschaft vor. Dazu gehören z. B. Angaben
   - zur vorgesehenen Art der produktiven Nutzung der Bodenflächen (Land-, Forst-, Wasserwirtschaft; Nutzung von Restlöchern),
   - zur Sicherung der landeskulturellen Funktionen des Bodens, des Wassers, der Pflanzen- und Tierwelt),
   - Neuanlage von Siedlungen, Produktions-, Verkehrs- und anderen Anlagen.

   Die Bergbaubetriebe haben gem. § 5 der Wiederurbarmachungsanordnung Wiederurbarmachungskonzeptionen zu erarbeiten, die dem Verwaltungsorgan zur Zustimmung vorgelegt werden müssen. Diese Konzeptionen haben Angaben zu der vorgesehenen Nutzungsart der wieder urbar gemachten Flächen und zu den im Deckgebirge des Tagebauvorfeldes anstehenden Bodensubstraten zu enthalten. Sie haben ferner die technologischen Möglichkeiten der Gewinnung und die Verwendung der für die Wiederurbarmachung am besten geeigneten Abraummaterialien aufzuzeigen und die Betriebsorganisation darzulegen. Die Bergbaubetriebe haben darüber hinaus die Verpflichtung, langfristige Planungen, die die Wiederurbarmachung betreffen, den Verwaltungsorganen zur Zustimmung vorzulegen.

2.8.3. Der Wiederurbarmachungsvertrag. Der Wiederurbarmachungsvertrag ist ein Vertrag eigener Art. (Als Anmerkung sei angefügt, daß vorzugsweise der Vertrag betrachtet wird, der die Wiederurbarmachung land- und forstwirtschaftlicher Bodenflächen zum Gegenstand hat.) Er hat aus diesem Grunde berechtigterweise eine relativ ausführliche Spezialregelung in der Wiederurbarmachungsanordnung erfahren. Als allgemein auf diesen Vertrag anwendbares Recht hat das Gesetz über Wirtschaftsverträge zu gelten. 42

Das Vertragsrechtsverhältnis zwischen dem Bergbautreibenden und dem Folgenutzer ist stark von der besonderen Pflichtenlage des Bergbaubetriebs geprägt. Er hat die Wiederurbarmachungsleistung zu erbringen, ohne daß er dafür eine Gegenleistung (Preis) erhält.

Die Wiederurbarmachungsanordnung unterscheidet zwischen dem langfristigen, noch nicht voll spezifizierten Vertrag (Vertrag über einen Zeitraum von 5 Jahren) und dem Jahresvertrag. Es wird davon ausgegangen, daß der Vertragsinhalt gewissermaßen spezifiziert wird (Jahresvertrag). Normativ wird eine mehrfache Herstellung der Willensübereinstimmung über die Spezifizierung der Wiederurbarmachungsleistungen im abgeschlossenen Vertrag mit dem Folgenutzer verlangt. Die im § 8 Abs. 2 Wiederurbarmachungsanordnung geregelte Gestaltungsanleitung für den Inhalt des Wiederurbarmachungsvertrages – Festlegung der Qualität der Bodenflächen, Umfang (ha) und Lage der Bodenflächen, Art der Folgenutzung usw. – gilt sowohl für den noch nicht spezifizierten als auch für den spezifizierten Wiederurbarmachungsvertrag. Die Jahresverträge haben die Verpflichtungen des langfristigen Wiederurbarmachungsvertrages insgesamt zu sichern.

Dabei ist zu berücksichtigen, daß es zwar überwiegend den Parteien überlassen ist, Abreden vorzunehmen, aber die Entscheidungen der Verwaltungsorgane – z. B. die Zustimmung zur Wiederurbarmachungskonzeption oder die Festlegung der Folgenutzung – und der Gesetzgeber den Inhalt des Rechtsverhältnisses vorbestimmen.

Die Hauptpflichten des Bergbaubetriebes aus dem Vertrag sind 43
die Erbringung des Leistungsgegenstandes und des Umfanges der vereinbarten Leistung sowie die qualitäts- und termingerechte Übergabe der wieder urbar gemachten Bodenflächen.

Gegenstand des Vertrages ist die Bereitstellung von wieder urbar gemachten Bodenflächen für die in der Entscheidung des Verwaltungsorgans festgelegte Art der Folgenutzung. Die vertraglichen Festlegungen zum Gegenstand müssen ferner Angaben zum Umfang und zur Lage der Bodenflächen beinhalten. Neben dem Leistungsgegenstand unterliegt auch der Termin der Bereitstellung der Bodenflächen der Vereinbarung der Parteien.

Auch die bei der Wiederurbarmachung zu erreichende Qualität der Bodenflächen ist individuell durch die Vertragsparteien zu bestimmen. Die Wiederurbarmachungsanordnung verwendet einen sehr komplexen Qualitätsbegriff, zu dessen Extension sowohl die Gelände- und Substratbeschaffenheit als auch z. B. die standardgerechte Ausführung der Zufahrten und Hauptwirtschaftswege gehört. Gem. § 2 Abs. 6 der Wiederurbarmachungsanordnung hat die Planung der Wiederurbarmachung auf der Grundlage der seit 1988 geltenden Richtlinie „Qualitätsparameter und Abnahmekriterien für die Wiederurbarmachung von Bodenflächen zur land- und forstwirtschaftlichen Nutzung" zu erfolgen.

Die Qualitätsparameter bilden den Beurteilungsmaßstab für die Einhaltung der qualitativen Anforderungen an die Wiederurbarmachung oder – anders ausgedrückt – die Entscheidungsgrundlage dafür, ob die vom Bergbaubetrieb erbrachte Leistung als Erfüllungshandlung anerkannt werden kann (Abnahme) oder nicht.

Die Zielstellung der genannten Hauptpflichten des Bergbaubetriebes im Wiederurbarmachungsvertrag bedarf keiner Kommentierung. Aus ihrer Bedeutsamkeit heraus wird den Folgenutzern rechtlich die Möglichkeit eingeräumt, Sanktionen bei Pflichtverletzungen des Bergbaubetriebes zu erheben. Sie sind überwiegend aus der Wiederurbarmachungsanordnung selbst zu entnehmen. Eine Verantwortlichkeit nach allgemeinem Vertragsrecht ist kaum in der Praxis vorgekommen.

Die Abnahme der vertragsgemäß angebotenen Bodenflächen ist eine Rechtspflicht des Folgenutzers gegenüber dem Bergbaubetrieb. Die Abnahme kann nicht verweigert werden, wenn

a) die Bodenflächen zwar nicht termingemäß oder nur als Teilflächen angeboten werden, aber die geplante Nutzung sofort möglich ist (§ 17 Abs. 3 der Anordnung) oder
b) die Bodenflächen, gemessen an den Qualitätsfestlegungen des Vertrages, zwar Mängel aufweisen, die aber nicht beseitigt werden können oder deren Beseitigung volkswirtschaftlich nicht vertretbar ist.

Ergänzend sei angefügt, daß bei Abnahmeverweigerung durch den Folgenutzer das zuständige Verwaltungsorgan die Entscheidung über die Abnahme treffen kann (§ 22 Abs. 3 der 1. DVO zum Berggesetz i.V.m. § 17 Abs. 6 Wiederurbarmachungsanordnung).

Für die vertragliche Verantwortlichkeit ergeben sich ggf. folgende Möglichkeiten: **44**

a) Garantierecht „Nachbesserung" und Schadenersatzleistung für einige Tatbestände einer nicht qualitätsgerechten Wiederurbarmachungsleistung (§ 19 Wiederurbarmachungsanordnung).
Die Garantieregelung bestimmt die einzelnen Tatbestände einer mängelbehafteten Wiederurbarmachungsleistung durch Enumeration: Fremdkörper, z. B. Schienen und Schwellen, in den Bodenflächen, nichtqualitätsgerechte Durchführung der Grundmelioration, nicht standardgerechte Ausführung der Vorflut. Das bedeutet, daß der Gesetzgeber nach Abnahme der Bodenflächen nur für einige ausgewählte Arten der nicht qualitätsgerechten Leistung die Sanktion Nachbesserung überhaupt zulassen will.
Schadenersatz kann nur geltend gemacht werden, wenn er eine Folge der im § 19 Abs. 1 aufgezählten Tatbestände einer nicht qualitätsgerechten Leistung ist.

b) Ausschluß von Ansprüchen auf Schadenersatz und Ausgleich wirtschaftlicher Nachteile bei ungleichförmigen Setzungen auf wieder urbar gemachten Bodenflächen, die vor der Abnahme durch den Folgenutzer (Vornutzung) bereits genutzt werden (§ 18 Abs. 4 Wiederurbarmachungsanordnung).
Diese Besonderheit innerhalb des Rechts der vertraglichen Verantwortlichkeit mußte der Gesetzgeber regeln, weil bei der Vereinbarung einer produktiven Vornutzung wieder urbar gemachter Bodenflächen durch die Parteien davon ausgegangen wird, daß regelmäßig nachteilige Auswirkungen eintreten werden. Die Modalitäten einer produktiven Vornutzung werden im Wiederurbarmachungsvertrag vereinbart.

c) Geltung der allgemeinen Verantwortlichkeit aus dem Gesetz über Wirtschaftsverträge.
Praktische Bedeutsamkeit kommt diesen Regelungen für Pflichtverletzungen zu, die in der Wiederurbarmachungsanordnung keine Ausformung erfahren haben. Das betrifft vor allem den Schuldner- und Gläubigerverzug. So haben die Bergbaubetriebe einzustehen für eine nicht termingerechte oder im Verhältnis zur Vertragsabrede verminderte Übergabe wieder urbar gemachter Bodenflächen. Die Folgenutzer haben die Rechtsfolgen aus einem Abnahmeverzug zu tragen. Regelmäßig zieht ein Abnahmeverzug des Folgenutzers für den Bergbaubetrieb die Weiterzahlung der Bodennutzungsgebühr nach sich. Das könnte eine Schadenersatzforderung begründen.

Umstritten ist die Anwendung der außervertraglichen Verantwortlichkeit (Bergschadenhaftung) nach Beendigung der Garantiezeit. Die herrschende Ansicht ist, daß die Bergschadenhaftung (§§ 18 ff.) des Berggesetzes dann heranzuziehen möglich ist, wenn es sich um von der Garantieregelung nicht erfaßte Mängel der Wiederurbarmachung, die Schäden verursachen, handelt. Zu denken ist dabei an Schäden durch Böschungsrutschungen. (Vgl. dazu den Standpunkt der Obersten Bergbehörde der DDR, veröffentlicht in: Wirtschaftsrecht 1986 S. 66).

Die Wiederurbarmachungsleistung der Bergbaubetriebe ist für eine konkrete Folgenutzung gegenüber einem Folgenutzer zu erbringen. Zwischen den Bergbaubetrieben und den Folgenutzern sind Wiederurbarmachungsverträge zu schließen. Der Vertrag ist gegenwärtig das entscheidende Rechtsinstrument zur Erbringung der Wiederurbarmachungsleistung, da die zentralistischen, industriezweiggebundenen Planungsinstrumente, die auch maßgebend für die Erbringung der Wiederurbarmachung waren, fortgefallen sind.

3. Individuelle Bodennutzung und Privateigentum

3.1. Die individuelle Bodennutzung als Regelungsgegenstand des ZGB

Die Regelung der individuellen Bodennutzung, also der Bodennutzung durch Privatpersonen ist im 4. Teil des ZGB enthalten. Wie die anderen Teile des ZGB unterscheidet sich auch der 4. Teil grundlegend von dem in etwa korrespondierenden 3. Buch des BGB, dem Sachenrecht. Die Hauptunterschiede bestehen in folgendem: 45

1. Während im Sachenrecht das Rechtsinstitut des Eigentums im Vordergrund steht und alle anderen dinglichen Rechte in Beziehung zum Eigentum gesetzt werden, geht der 4. Teil des ZGB vom Bodennutzungsrecht aus und ordnet das Eigentum als einen Rechtstitel zur Verwirklichung des Bodennutzungsrechts ein (vgl. § 286 ZGB). Konsequent wird die Hypothek, die die Bodennutzung nicht unmittelbar berührt, nicht in diesem Teil des ZGB, sondern in einem letzten (7.) Auffangabschnitt des ZGB abgehandelt (§§ 452–458). Dasselbe gilt von dem Sicherungseigentum bei Baumaßnahmen auf privaten Grundstücken (§ 459). Umgekehrt werden im 4. Teil verschiedene Arten von Nutzungsverträgen geregelt, die nach dem BGB-Verständnis ins Schuldrecht, d. h. ins Pachtrecht gehören.

2. Das ZGB beschränkt sich wie in allen Teilen, so auch im 4. Teil im wesentlichen auf die Konsumtionssphäre. Das ergibt sich schon aus der Überschrift dieses Teils, die lautet:

„Nutzung von Grundstücken und Gebäuden zum Wohnen und zur Erholung“.

Mit der scharfen Trennung von Produktions- und Konsumtionssphäre in der rechtlichen Regelung, die nirgends so deutlich wie im ZGB in Erscheinung trat und schärfer vollzogen wurde als in den meisten anderen sozialistischen Staaten, fiel das Privateigentum als Grundlage wirtschaftlicher Aktivitäten praktisch aus dem Recht heraus. Es wurde außerhalb der großen Kodifikationen und nur unvollständig erfaßt. Das entsprach dem Sozialismusbild der 60er und frühen 70er Jahre.

3. Das ZGB regelt in seinem 4. Teil nur die Rechte an Grundstücken, nicht an beweglichen Sachen. Eine Ausnahme bilden Ga-

ragen, Wochenendhäuser und vergleichbare Baulichkeiten, die rechtlich wie bewegliche Sachen geregelt, aber dennoch im 4. Teil des ZGB erfaßt werden (§ 296).

4. Entsprechend ihrem allgemeinen Anliegen, eine bürgernahe, dem Nichtjuristen verständliche Regelung zu schaffen, haben die Schöpfer des ZGB eine knappe, deutlich strukturierte Regelung geschaffen, die viele Einzelfragen ausspart. Der Auslegung durch die Gerichte und die Vertragspartner, aber auch durch die an vielen Stellen als Entscheidungs- oder Genehmigungsorgan tätig werdenden Staatsorgane ist breiter Raum gelassen.

Die Regelung des ZGB zur individuellen Bodennutzung ist überdies unvollständig. Sie wird durch eine Reihe weiterer Gesetze und Verordnungen, nach heutigem Stand insbesondere durch das Gesetz über die Verleihung von Nutzungsrechten an volkseigenen Grundstücken vom 14. 12. 1970, die Eigenheimverordnung vom 31. 8. 1978, die Verordnung über die Bereitstellung von genossenschaftlich genutzten Bodenflächen vom 9. 9. 1976 und das Gesetz über den Verkauf volkseigener Gebäude vom 7. 3. 1990 ergänzt und überlagert.

3.2. Die Verleihung des Nutzungsrechts an volkseigenen Grundstücken an Bürger

Literatur:
Dornberger/Kleine/Klinger/Posch, Das Zivilrecht der DDR – Sachenrecht, Deutscher Zentralverlag Berlin 1955; Rohde, Bodenrecht, Staatsverlag Berlin 1989, Kapitel 4; Klinkert/Oehler/Rohde, Grundriß Zivilrecht, Heft 2, Staatsverlag Berlin 1977, S. 77 ff.;

46 Die Verleihung des Nutzungsrechts an volkseigenen Grundstücken an Bürger ist als Rechtsinstitut sehr früh in das Recht der DDR eingeführt worden. Die erste gesetzliche Regelung erfolgte mit dem Gesetz vom 21. 4. 1954, GBl S. 445. Dieses Gesetz wurde ersetzt durch eine Neuregelung vom 14. 12. 1970, die ihrerseits inzwischen mehrfach geändert wurde. In beiden Gesetzen ist neben der Verleihung des Nutzungsrechts an Bürger auch die Verleihung des Nutzungsrechts an Genossenschaften, insbesondere an Arbeiterwohnungsbaugenossenschaften vorgesehen.

Die Motive für die Entscheidung, die Verleihung des Nutzungsrechts als Rechtsinstitut einzuführen, waren prinzipiell ideologischer, aber auch ganz praktischer Natur. Einerseits sollte das Volkseigentum an Grund und Boden in dem Umfange und auf den Flächen, auf denen es nach 1945 entstanden war, auf alle Fälle erhalten werden. Hier wirkte das sowjetische Vorbild, wo der Boden bekanntlich schon 1917 – und zwar generell – nationalisiert worden war (vgl. Rdnr 5). Andererseits sollte dem bau- bzw. kaufwilligen Bürger aber hinsichtlich des Gebäudes eine sichere Eigentümerstellung verschafft werden. Die finanzielle Belastung durch hohe Grundstückspreise beim Bau bzw. Kauf von Eigenheimen sollte entfallen.

Die Möglichkeit der Verleihung eines Nutzungsrechts an Bürger wurde deshalb durch das ZGB, das Gesetz über die Verleihung von Nutzungsrechten von 1970 und das Gesetz über den Verkauf volkseigener Eigenheime, Siedlungshäuser und Miteigentumsanteile von 1973, den Vorläufer des Gesetzes über den Verkauf volkseigener Gebäude, für folgende Hauptfälle eröffnet: **47**

- Für die Errichtung eines Ein- oder Zweifamilienhauses oder eines anderen, individuellen Zwecken dienenden Gebäudes (Wochenendhaus, Garage, neuerdings auch Produktionsstätten für Handwerker und Gewerbetreibende) auf volkseigenem Grund und Boden,
- für den Kauf volkseigener Ein- oder Zweifamilienhäuser, Miteigentumsanteile oder Gebäude für Erholungszwecke durch Bürger,
- in jüngster Zeit auch für den Kauf volkseigener, für Gewerbezwecke geeigneter Gebäude durch Handwerker und Gewerbetreibende.

In Zukunft dürfte die Neuverleihung von Nutzungsrechten an volkseigenem Boden rasch an Bedeutung verlieren. Der Grundsatz, volkseigenen Boden nicht zu veräußern, ist mit dem Staatsvertrag DDR–BRD aufgegeben. Schon vorher – unter der Modrow-Regierung – wurde er mit der Schaffung der gesetzlichen Möglichkeit, den volkseigenen Boden an den Erwerber eines volkseigenen Gebäudes mitzuveräußern, für einen der wichtigsten Anwendungsfälle durchlöchert.

Das Nutzungsrecht, das durch Verleihung entsteht, ist als „Recht am Grundstück“ im Sinne des § 95 BGB, als ein dingliches Recht, das die Trennung von Grundstücks- und Gebäudeeigentum ermöglicht, ausgestaltet (vgl. Dornberger u. a., Sachenrecht, S. 209). **48**

Es ist mit dem selbständigen Eigentum des Nutzungsberechtigten am Gebäude eng verknüpft und wird mit ihm übertragen (§ 289 ZGB). Es ähnelt damit in seinen Rechtswirkungen dem Erbbaurecht. Bürger, die ein Ein- oder Zweifamilienhaus auf einem inzwischen volkseigen gewordenen Grundstück aufgrund eines Erbbaurechts errichtet haben, konnten deshalb einen Antrag auf Umwandlung dieses Rechts in ein verliehenes Nutzungsrecht stellen. Das gleiche gilt sogar, wenn sie das Gebäude auf volkseigenem Boden auf der Grundlage eines Erbpachtvertrages bzw. Pachtvertrages errichtet hatten (§ 2 Abs. 2 des Gesetzes über die Verleihung von Nutzungsrechten).

Das Nutzungsrecht wird befristet oder unbefristet und entgeltlich oder unentgeltlich verliehen. Die Regel ist unbefristete Verleihung des Nutzungsrechts (§ 288 Abs. 2). Befristet kann es im Ausnahmefall dann verliehen werden, wenn es sich um die Verleihung eines Nutzungsrechts für einen Erholungsbau oder eine Garage handelt und für später eine qualitativ andere Art der Bebauung, z. B. Wohnungsbau, vorgesehen ist. Gemäß § 288 Abs. 3 ist Entgeltlichkeit des Nutzungsrechts ebenso Prinzip wie Unbefristetheit. In der Praxis ist aber die Ausnahme hier zur Regel geworden: Für Arbeiter, Angestellte, Mitglieder von Produktionsgenossenschaften, Angehörige von bewaffneten Organen und Familien mit 3 und mehr Kindern, die Eigentümer von Ein- oder Zweifamilienhäusern sind, wird ein Entgelt nicht erhoben. Nur soweit ein Nutzungsentgelt zu zahlen ist, hat der Nutzungsberechtigte neben dem Entgelt auch die Grundsteuer zu zahlen. Der Verzicht des Staates auf ein Nutzungsentgelt korrespondierte mit außerordentlichen Kreditvergünstigungen, Zuschüssen aus dem Staatshaushalt und Gebührenbefreiungen beim Neubau eines Ein- oder Zweifamilienhauses. Der monatliche Aufwand für die Verzinsung und Tilgung von Krediten sollte grundsätzlich nicht höher sein als die Miete, die von der Familie für eine vergleichbare Wohnung im volkseigenen Wohnungsbau zu zahlen war. Für den Kauf eines volkseigenen Ein- oder Zweifamilienhauses wurden gleichfalls Kredite, wenn auch nicht zu so außerordentlichen Konditionen gewährt. Der Erwerber war ebenfalls von Gebühren für Beurkundungen, das Zustimmungsverfahren, die Grundbucheintragung u. ä. befreit.

49 In § 287 ZGB heißt es, daß Bürgern nicht nur zur Errichtung eines Ein- oder Zweifamilienhauses, sondern auch zur Errichtung und Nutzung eines anderen persönlichen Bedürfnissen dienenden Gebäudes an volkseigenen Grundstücken ein Nutzungsrecht verliehen werden kann. Diese Bestimmung zielte vor allem auf Wochenendgrundstücke und Garagen. Für solche Art Bebauung wurde aber die Verleihung von Nutzungsrechten nur wenige Jahre praktiziert, u. a. wegen des damit verbundenen administrativen Aufwands (Anlage von Gebäudegrundbuchblättern u. a.). Das selbständige Eigentum am Bauwerk kann auch ohne Verleihung durch einfachen Nutzungsvertrag gesichert werden (vgl. § 296 ZGB, Rdnr 60). In der Literatur wird deshalb, nachdem zunächst Kriterien für die Alternativlösungen gesucht wurden – Grundriß Zivilrecht Heft 2, S. 81/82 – inzwischen generell der Abschluß von Nutzungsverträgen empfohlen – Rohde, Bodenrecht, S. 93.

Die Verleihung des Nutzungsrechts ist ein Verwaltungsakt. Sie **50**
erfolgt durch den Rat des Kreises auf Antrag des Bürgers. Wird die Errichtung eines Ein- oder Zweifamilienhauses auf volkseigenem Boden beabsichtigt, geht die Verleihung des Nutzungsrechts der Errichtung und damit dem Eigentumserwerb voraus. Die Urkunde über die Verleihung soll dem Antragsteller gemeinsam mit der baurechtlichen Zustimmung zur Errichtung des Gebäudes, die vom Rat der Stadt/Gemeinde erteilt wird, übergeben werden. Das Nutzungsrecht entsteht mit dem Zeitpunkt, der in der Verleihungsurkunde festgelegt ist (§ 287 II ZGB).

Anders, wenn ein volkseigenes Gebäude, das bereits errichtet ist, vom Bürger gekauft wird. Hier sind Eigentumserwerb am Gebäude und Verleihung des Nutzungsrechts am Boden unmittelbar miteinander gekoppelt: Der Antrag auf Verleihung des Nutzungsrechts soll nach § 7 der DVO zum Gesetz über den Verkauf volkseigener Gebäude (vom 15. 3. 1990, GBl I, S. 158) Bestandteil des Kaufvertrages sein. Das Nutzungsrecht entsteht mit dem Eigentumsübergang, d. h. mit der Eintragung des Käufers als Eigentümer des Gebäudes.

Das Nutzungsrecht kann verliehen werden an Einzelpersonen, an Ehepaare und an Miteigentümer, die das Gebäude – Zweifamilienhaus – gemeinsam nutzen (wollen). Nutzungsberechtigter wird, wer Eigentümer des Gebäudes ist oder wird: Also bei Errichtung oder Kauf durch eine Einzelperson diese Einzelperson, bei Eheleuten grundsätzlich – soweit nicht eine schriftliche Verzichtserklärung des anderen Ehegatten vorliegt (§ 299 ZGB) – die eheliche Vermögensgemeinschaft. Bei Zweifamilienhäusern, die gemeinsam gekauft bzw. errichtet werden, wird die Miteigentumsgemeinschaft gemäß § 34 Abs. 2 Sätze 2 und 3 ZGB auch gemeinschaftlich nutzungsberechtigt.

Die Verleihung des Nutzungsrechts ist auf dem Grundbuchblatt **51**
des volkseigenen Grundstücks einzutragen. Für das Gebäude ist ein besonderes Grundbuchblatt – das Gebäudegrundbuchblatt – anzulegen, in dem der Eigentümer und dinglich Berechtigte eingetragen werden (vgl. Rdnr 155). Um der Zersiedlung vorzubeugen, soll das Nutzungsrecht für Ein- und Zweifamilienhäuser mög-

lichst nicht für eine mehr als 500 qm große Fläche verliehen werden. Diese Obergrenze ist gesetzlich festgelegt, wenn auch nur als Orientierungsgröße, die im Einzelfall durch Entscheidung des zuständigen Ratsmitglieds beim Rat des Kreises überschritten werden konnte. Wenn Eigenheime auf unvermessenen volkseigenen Grundstücken errichtet werden, kann das Nutzungsrecht ausnahmsweise auch auf die Grundfläche des Gebäudes beschränkt werden.

52 Mit der Verleihung des Nutzungsrechts sind bestimmte rechtliche Beschränkungen – Restriktionen – für die freie Verfügbarkeit über das Gebäude verbunden. Die Restriktionen sollten nach dem Willen des Gesetzgebers den Konsumtionscharakter des persönlichen Eigentums entsprechend der Grundsatzvorschrift des § 22 ZGB sichern. Sowohl im Gesetz über die Verleihung von Nutzungsrechten wie in der DB zum Gesetz über den Verkauf volkseigener Eigenheime, Miteigentumsanteile und Gebäude für Erholungszwecke war ausdrücklich vorgeschrieben, daß eine Verleihung bzw. ein Verkauf mit nachfolgender Verleihung nicht in Betracht kommt, wenn der Bürger bereits Eigentümer eines Eigenheims ist. Der Verkauf eines Gebäudes für Erholungszwecke mit nachfolgender Verleihung sollte nicht zulässig sein, wenn der Bürger oder sein Ehegatte bereits ein Erholungsgrundstück „besitzt". Diese Regelungen dürften nach den Festlegungen des Staatsvertrages, die die Gleichsetzung von persönlichem und privaten Eigentum vorsehen, außer Kraft gesetzt werden. Für den Verkauf von volkseigenen Eigenheimen, d. h. Ein- und Zweifamilienhäusern, sind sie schon vor dem Staatsvertrag mit dem Gesetz über den Verkauf volkseigener Gebäude entfallen.

Eine ähnlich weittragende Beschränkung der freien Verfügbarkeit über das Gebäude trifft auf den Erbfall zu. Ein Gebäude, für das ein Nutzungsrecht verliehen wurde, kann vererbt werden, aber laut ausdrücklicher gesetzlicher Vorschrift nur dann und insoweit, als der Erbe DDR-Bürger ist, nicht bereits Eigentümer anderer Eigenheime ist und – dritte Bedingung – das Eigenheim seinen persönlichen Wohnbedürfnissen dienen soll. Anderenfalls ist er bezüglich des Eigentumsrechts am Eigenheim kein Erbe. Das Eigenheim (Einfamilienhaus) geht in Volkseigentum über, das Nutzungsrecht am Grundstück wird gegenstandslos, der Betroffene erhält eine Geldentschädigung nach dem Entschädigungsgesetz.

In der Literatur wurde auf die erheblichen praktischen Schwierigkeiten hingewiesen, die sich ergeben, wenn – wie im Normalfall – mehrere Erben vorhanden sind, von denen auf einige die Bedingungen des Gesetzes über die Verleihung von Nutzungsrecht an volkseigenen Grundstücken zutreffen und auf andere nicht (vgl. u. a. W. Schneider, Neue Justiz, 1/1989). Um diese Schwierigkeiten zu umgehen und die Eigentümerstellung des Erblassers und der Erben im Rahmen der gesetzlichen Regelung so weit als möglich zu sichern, wurde in Literatur und Praxis davon ausgegangen, daß alle zu einer (ungeteilten) Erbengemeinschaft gehörenden Personen mit Eintritt des Erbfalls gemeinschaftliche Inhaber des Gebäudeeigentums geworden sind, auch diejenigen, auf die das Bodennutzungsrecht nicht übergehen konnte, weil ihnen schon ein Eigenheim gehört, sie dort nicht wohnen wollten, sie nicht DDR-Bürger waren. Bodennutzungsrecht und Eigentumsrecht am Gebäude sollten also vorübergehend auseinanderfallen. Im Zuge der Erbauseinandersetzung konnten die Erben, auf die das Bodennutzungsrecht übergehen kann, dann die Zuteilung des Eigenheims an sich verlangen (W. Schneider, a.a.O., S. 31 und 33).

In die gleiche Richtung – Beschränkung des persönlichen Eigen- **53**
tums am Gebäude über das mit ihm verbundene Nutzungsrecht am volkseigenen Boden – zielt auch die Regelung über den Entzug des Nutzungsrechts bei nicht bestimmungsgemäßer Nutzung (§ 290 ZGB). Der Entzug des Nutzungsrechts bei nicht bestimmungsgemäßer Nutzung hat eine Art „Heimfall" des Gebäudes in Volkseigentum gegen Entschädigung zur Folge. Eine nicht bestimmungsgemäße Nutzung sollte – so die Verwaltungspraxis – dann vorliegen, wenn das Grundstück dauernd für gewerbliche Zwecke genutzt wird (vgl. Rohde, Bodenrecht, S. 94) oder ein Erholungsgrundstück zum Zwecke der Gewinnerzielung weitervermietet wurde. Die Voraussetzungen für einen Entzug wegen „nicht bestimmungsgemäßer Nutzung" sollten nach einer internen Dienstanweisung des Ministeriums der Finanzen vom 31. 12. 1986 auch dann gegeben sein, wenn der Inhaber des Nutzungsrechts – ob nun „legal" ausgereist oder nicht – nicht mehr auf dem Territorium der DDR seinen Wohnsitz hatte. (Zur heutigen rechtlichen Beurteilung vgl. Rdnr 77.)

Der Entzug des Nutzungsrechts erfolgte durch Übersendung eines „Bescheids". Vorausgehen sollten mindestens – so die interne Dienstanweisung des Ministeriums für Finanzen – zwei Aufforderungen zur Wiederherstellung bestimmungsgemäßer Nutzungsverhältnisse. Gegen den Bescheid war Beschwerde zulässig. Eine gerichtliche Nachprüfung des Bescheids war nicht möglich. Mit dem vollen Wegfall der Regelung über den Entzug des Nutzungsrechtes ist zu rechnen.

3.3. Persönliche Nutzung genossenschaftlich genutzten Bodens

54 Ähnliche Rechtswirkungen wie die Verleihung von Nutzungsrechten an volkseigenen Grundstücken hatte die Zuweisung genossenschaftlich genutzten Bodens zum Bau von Eigenheimen an Bürger (§ 291 ZGB), die auf dem inzwischen beseitigten umfassenden Nutzungsrecht der LPG beruhte. Auch hier entstand in aller Regel ein unbefristetes Nutzungsrecht des Bürgers (§ 292 Abs. 1 ZGB). Auch hier entstand ein gesondertes Eigentum am Gebäude unabhängig vom Bodeneigentum, für das wie bei Gebäuden, die auf der Grundlage verliehener Nutzungsrechte errichtet werden, ein spezielles Gebäudegrundbuchblatt angelegt wurde (§ 292 Abs. 2 ZGB, § 4 II der Verordnung über die Bereitstellung von genossenschaftlich genutzten Bodenflächen zur Errichtung von Eigenheimen auf dem Lande vom 9. 9. 1976, GBl I Nr. 35, S. 426). Der Veräußerung des Gebäudes folgte der Übergang des Nutzungsrechts (§ 293 Abs. 3 ZGB). Auch die Regelung des Entzugs des Nutzungsrechts bei nicht bestimmungsgemäßer Nutzung (§ 294 Abs. 1) entspricht in Inhalt und Wortlaut der für volkseigene Bodenflächen, an denen ein Nutzungsrecht verliehen wurde (vgl. Rdnr 53).

Bei aller Ähnlichkeit besteht ein gewichtiger Unterschied: Während die Verleihung von Nutzungsrechten nur an volkseigenem Boden zulässig ist, war die „Zuweisung" von Boden durch LPG und GPG für Boden aller Eigentumsformen möglich, soweit an diesem Boden das umfassende und dauernde Nutzungsrecht der LPG/GPG bestand. Das konnte volkseigener, konnte aber auch eingebrachter oder zur Nutzung vom Staat an die LPG übergebener, also privater Boden sein. Der private Eigentümer hatte keine rechtliche Möglichkeit, auf die Auswahl der Bodenflächen oder des Nutzungsberechtigten Einfluß zu nehmen, weil sich die Zuweisung zur Nutzung direkt und allein aus dem genossenschaftlichen Nutzungsrecht gemäß § 18 LPG-Gesetz ableitete. Dementsprechend entschied der Vorstand über die Nutzungsrechte an den Bodenflächen und stellte die Urkunde aus, die die Übertragung dokumentiert (§ 3 der VO vom 9. 9. 1976, a.a.O.). Der Rat der Stadt bzw. Gemeinde bestätigte die Urkunde.

Bei Entzug des Nutzungsrechtes konnte das Gebäude, da es auf Privateigentum steht oder zumindest stehen kann, nicht automatisch in Volkseigentum übergehen. Der Gebäudeeigentümer wurde deshalb verpflichtet, das Gebäude zu veräußern (§ 294 Abs. 2 ZGB).

Mit der besonderen Regelung über die „Zuweisung“ genossenschaftlich genutzten Bodens sollte der Eigenheimbau speziell auf dem Lande und unabhängig davon, ob volkseigener Boden dafür in geeigneter Lage zur Verfügung steht, gefördert werden. Deshalb konnten Nutznießer dieser Regelung nicht nur Genossenschaftsmitglieder, sondern auch Arbeiter und Angestellte der Land-, Forst- und Nahrungsgüterwirtschaft „sowie andere auf dem Lande wohnende Bürger“ sein (§ 1 der gen. VO). Deshalb sollte die Regelung auch auf VEG Anwendung finden, hier allerdings nur, soweit für das in Frage kommende Bauland nicht eine Verleihung von Nutzungsrechten vorgenommen werden konnte. Die rechtliche Problematik unter veränderten gesellschaftlichen Bedingungen liegt auf der Hand: Anders als bei verliehenen Nutzungsrechten, wo man dem Eigentümer des Gebäudes in der Regel die Möglichkeit eröffnen kann, das Grundstück zu kaufen und damit „Volleigentümer“ zu werden, stehen sich hier nach dem Wegfall des dauernden und umfassenden Nutzungsrechts der LPG zwei private Eigentümer unvermittelt gegenüber. Es entstehen damit gleiche oder doch ähnliche Rechtsprobleme wie dort, wo Ansprüche von „Westeigentümern“ am Boden denen von DDR-Eigentümern am Gebäude gegenüberstehen. Eine Regelung durch den Gesetzgeber ist angezeigt (vgl. Rdnr 26). **55**

Aus dem dauernden und umfassenden Nutzungsrecht der LPG/GPG folgte seit 1982 – seit Erlaß des jetzt geltenden LPG-Gesetzes – auch das Recht der LPG/GPG, Boden befristet zur kleingärtnerischen Nutzung zur Verfügung zu stellen. Hier sind nicht die sog. individuellen Flächen der LPG-Mitglieder gemeint, die landwirtschaftlich genutzt werden, sondern solche Kleinstflächen, die durch die LPG mit ihren Großgeräten nicht rationell bewirtschaftet werden können und deshalb an den Verband der Kleingärtner, Siedler und Kleintierzüchter oder einzelne Bürger überlassen wurden (§ 18 Abs. 2 vorletzter und letzter Satz LPG-Gesetz). Über die gegenseitigen Rechte und Pflichten war ein Nutzungsvertrag zwischen LPG und Nutzungsberechtigtem abzuschließen, dessen Inhalt durch die §§ 312ff. ZGB bestimmt wird. Die Abwicklung dieser Rechtsverhältnisse nach dem Wegfall des dauernden und umfassenden Nutzungsrechts der LPG ist vergleichsweise unkompliziert: Die Rechte und Pflichten des Überlassenden gehen auf den Eigentümer des Grundstücks über. **56**

3.4. Die Nutzung von Grundstücken für individuelle Zwecke auf der Grundlage eines Nutzungsvertrages

Literatur:
Rohde u. a., Bodenrecht, Staatsverlag Berlin 1989, Kap. 9 (S. 223 ff.); Hejhal/Janke, Zur Rechtsprechung über Verträge zur Nutzung von Bodenflächen zur Erholung, NJ 10/1981, S. 452

57 Die Regelungen über die Nutzung von Bodenflächen „zur Erholung" (§§ 312–315 ZGB) sind von besonderem praktischem Gewicht. Etwa 53% aller Haushalte in der DDR, vor allem die städtischen Haushalte, besitzen ein Erholungsgrundstück, das sie individuell oder im Rahmen des Verbandes der Kleingärtner, Siedler und Kleintierzüchter nutzen. Die Flächen dafür werden entweder vom Rat der Stadt/Gemeinde zur Verfügung gestellt (volkseigener und staatlich verwalteter Boden), von der LPG (genossenschaftlich genutzter Boden) oder von privaten Eigentümern. Soweit die Nutzung zu Erholungszwecken nicht auf der Grundlage eines verliehenen Nutzungsrechts erfolgt (siehe Rdnr 49) oder der Eigentümer selbst nutzt, erwirbt der Nutzungsberechtigte sein Nutzungsrecht durch einen Nutzungsvertrag (§ 312 ZGB).

Der Nutzungsvertrag nach § 312 ff. ZGB findet außer für die Überlassung von Grundstücken zu Erholungszwecken auch für die Überlassung zu anderen privaten Zwecken Anwendung (z. B. für die Errichtung von Garagen, vgl. § 314 Abs. 4 ZGB, aber auch für gewerbliche Zwecke, vgl. § 286 Abs. 4 ZGB und § 3 EG ZGB). Seine Anwendung auf land- und forstwirtschaftlich genutzte Flächen wird dagegen vom Gesetzgeber ausdrücklich ausgeschlossen (§ 312 Abs. 1 Satz 1). Die Regelungen der §§ 312 ff. gelten nicht nur für Nutzungsverträge, die nach Inkrafttreten des ZGB abgeschlossen wurden, sondern auch für vor dem 1. 1. 1976 abgeschlossene Pachtverträge, die bei seinem Inkrafttreten noch bestanden (§ 2 Abs. 2 EG ZGB).

58 Der Abschluß von Nutzungsverträgen muß schriftlich vorgenommen werden. Nur mündlich abgeschlossene Verträge sind gemäß § 66 Abs. 2 ZGB nichtig. Das Oberste Gericht der DDR hat allerdings die Schriftlichkeit auch dann als gewahrt angesehen, wenn der Überlassende seine Absicht, dem Nutzer das Grundstück zu übergeben, in schriftlicher Form zur Vorlage beim für die Genehmigung des Vertrages zuständigen Staatsorgan erklärt hat, ohne den Vertrag selbst schriftlich abzuschließen (OG NJ 1989, S. 297). Vor dem 1. 1. 1976 galt das Erfordernis der Schriftform nur für Pacht-

verträge über Grundstücke, die für länger als ein Jahr geschlossen worden waren (§ 581 Abs. 2 in Vbdg mit § 566 BGB in der vom Ministerium der Justiz der DDR 1954 herausgegebenen amtlichen Fassung). Daraus folgt nach § 2 Abs. 2 Satz 2 EG ZGB, daß vor dem Inkrafttreten des ZGB nur mündlich geschlossene Pachtverträge weiterhin – als Nutzungsverträge – rechtswirksam sind.

Der Vertrag kann – so sagt das Gesetz – befristet oder unbefristet abgeschlossen werden. Befristete Verträge sind aber nur als Ausnahme zugelassen, und zwar nur dann, wenn dafür „gesellschaftlich gerechtfertigte Gründe" vorliegen. Als gesellschaftlich gerechtfertigt wird die Befristung z. B. dann angesehen, wenn der Eigentümer selbst zu bauen beabsichtigt oder wenn der Flächennutzungsplan des Rates der Gemeinde die spätere Bebauung der Flächen mit Eigenheimen vorsieht. Die Gründe für die Befristung müssen für die nach Inkrafttreten des ZGB abgeschlossenen Verträge im Vertrag selbst angegeben sein, sonst gilt Unbefristetheit (§ 312 Abs. 2 Satz 2 und 3). Schon diese Regelung zeigt das Bemühen des Gesetzgebers, dem Nutzer eine starke Rechtsstellung einzuräumen.

Nutzungsberechtigt sein heißt, die überlassene Bodenfläche be- 59
stimmungsgemäß nutzen zu dürfen. Der Nutzer ist dazu auch verpflichtet (§ 313 Abs. 1 Satz 1), ohne daß an die Verletzung dieser Pflicht hier bestimmte Rechtsfolgen geknüpft wären. Wichtig ist, daß ihm die vertragliche Weitergabe kraft Gesetzes untersagt ist (§ 313 Abs. 3 Satz 2). Diese Festlegung hängt mit der Theorie des persönlichen Eigentums als Konsumtionsmitteleigentum zusammen, die mit dem ZGB rechtlich gesichert werden sollte. Die Rechtsprechung, voran das Oberste Gericht, hat Unternutzungsverträge deshalb auch konsequent als nichtig angesehen (vgl. BG Rostock NJ 1986, S. 296). Nur die Vermietung von einzelnen Zimmern in Bungalows wurde als zulässig erachtet (vgl. Rohde, Bodenrecht 1989, S. 224).

Einen wesentlichen Einfluß auf die Rechtsbeziehungen zwischen 60
Überlassendem und Nutzer hat die Errichtung einer „Baulichkeit" (Wochenendhaus, Garage u. ä.) durch den Nutzer mit Zustimmung des Überlassenden. Hier gelten die §§ 312 ff. ZGB in Verbindung mit § 296 ZGB. Danach entsteht, wenn die Baulichkeit „in Ausübung eines vertraglich vereinbarten Nutzungsrechts" errichtet wurde, getrenntes Eigentum des Nutzers an der Baulichkeit. Dieses getrennte Eigentum ist nicht mit dem getrennten Eigentum des Gebäudeeigentümers, dem ein Nutzungsrecht am volkseigenen Boden verliehen worden war, gleichzusetzen. Es gel-

ten nicht die Bestimmungen über Grundstücke, sondern die über bewegliche Sachen entsprechend. Die Baulichkeit wird wie eine bewegliche Sache übertragen, für sie gelten Garantiezeiten beim Verkauf wie für bewegliche Sachen, eine Belastung der Baulichkeit ist ausgeschlossen. Um diesen Unterschied zu verdeutlichen, hat der Gesetzgeber den Terminus „Baulichkeit“ gewählt in Abgrenzung vom „Gebäude“.

Eine Baulichkeit im Sinne des § 296 ZGB, wenn sie in Ausübung eines vertraglich vereinbarten Nutzungsrechts errichtet wurde und der Erholung, Freizeitgestaltung oder ähnlichen persönlichen Bedürfnissen dient, kann aber genau dieselbe Größe und den gleichen Wert haben wie ein „Gebäude“, für das ein Nutzungsrecht verliehen wurde. Dieses kann sogar durchaus größer und wertvoller sein als jenes.

61 Die Errichtung der Baulichkeit bewirkt Veränderungen im Verhältnis zwischen Überlassendem und Nutzer, also im Inhalt des Nutzungsvertrages. Das betrifft zunächst die Beendigung des Nutzungsverhältnisses: Normalerweise kann der Nutzungsvertrag durch den Nutzungsberechtigten unter Einhaltung einer Frist von 3 Monaten jeweils zum 31. Oktober des laufenden Jahres gekündigt werden, bei besonderen – „gesellschaftlich gerechtfertigten“ – Gründen auch mit einer Frist von einem Monat zum Ende eines Quartals (§ 314 Abs. 2). Der Überlassende kann in denselben Fristen und zu denselben Terminen kündigen, aber nur aus gesellschaftlich gerechtfertigten Gründen, d. h. bei vertragswidrigem Verhalten bzw. besonders schwerwiegendem vertragswidrigem Verhalten und bei dringendem Eigenbedarf des Überlassenden (§ 314 Abs. 3). Ist dagegen eine Baulichkeit errichtet worden, so kann das Nutzungsverhältnis gegen den Willen des Nutzers nicht durch bloße Kündigung, sondern – analog einem Mietverhältnis über Wohnraum – nur durch gerichtliche Entscheidung beendet werden (§ 314 Abs. 4).

Für die gerichtliche Entscheidung müssen die gleichen Kriterien gelten wie für die Kündigung, also vertragswidriges Verhalten oder Eigenbedarf. Die Erschwerung für den Überlassenden, wenn gerichtliche Entscheidung gefordert ist, besteht darin, daß er 1. die Bürde der Klage trägt und daß er 2. schon mit seinem Klagebegehren die Gründe für die Aufhebung behaupten und beweisen muß (vgl. OG in OGZ Bd. 15, S. 73). Bei einem Nutzungsvertrag ohne Baulichkeit ist dagegen die Kündigung auch ohne Begründung wirksam und trägt die Räumungsklage, wenn nur der Nutzer nicht in angemessener Zeit widerspricht.

Eine weitere Veränderung im Inhalt, genauer in der Abwicklung des Nutzungsverhältnisses gegenüber dem „normalen" Nutzungsvertrag betrifft die Verpflichtung des Überlassenden zum Kauf der Baulichkeit. Betreibt der Überlassende wegen dringenden Eigenbedarfs erfolgreich die Aufhebung des Nutzungsverhältnisses, so ist er auf Verlangen des Nutzungsberechtigten verpflichtet, Baulichkeit und Anpflanzungen zum Zeitwert zu erwerben (§ 314 Abs. 6). Das gilt eindeutig auch, wenn er die Baulichkeit, etwa den Bungalow, für eigene Zwecke nicht nutzen kann, weil er z. B. auf dem Grundstück statt dessen ein Eigenheim errichteten will. **62**

Das Oberste Gericht hat die Verpflichtung zum Kauf mit Recht von der Entstehung selbständigen Eigentums an der Baulichkeit abhängig gemacht und damit an die vorab erteilte Zustimmung des Überlassenden zur Errichtung des Bauwerkes gebunden (§ 296 Abs. 1). Es hat darüber hinaus in mehreren Urteilen – zuletzt in NJ 1990, S. 224 – die Entstehung selbständigen Eigentums und damit die Verpflichtung zum Kauf auch an die Existenz einer verwaltungsrechtlichen Bauzustimmung geknüpft. Wenn diese nicht eingeholt war, wurde das selbständige Eigentum an der Baulichkeit und die Verpflichtung zum Kauf verneint. Diese Auslegung, die verwaltungs- und zivilrechtliche Gesichtspunkte vermischt, findet im Gesetz keine Stütze.

Geht die Initiative zur Beendigung des Nutzungsverhältnisses dagegen vom Nutzungsberechtigten aus oder hat er sich vertragswidrig verhalten und wurde deshalb das Nutzungsverhältnis aufgehoben, so kann er seine Baulichkeit nur an denjenigen veräußern, der die Bodenfläche vom Überlassenden zur Nutzung übernimmt (§ 296 Abs. 2 Satz 1). Das Nutzungsrecht an der Bodenfläche und das Eigentum an der Baulichkeit bilden eine rechtliche Einheit, wobei aber hier anders als beim verliehenen Nutzungsrecht (vgl. Rdnr 48) das Eigentum dem Nutzungsrecht folgt. Ein Vorabverkauf der Baulichkeit, bei dem sich die Vertragspartner zugleich verpflichten darauf hinzuwirken, daß ein entsprechender Wechsel im Nutzungsverhältnis eintritt, ist zulässig (vgl. NJ 1987, S. 511/512). Wird aber in angemessener Zeit der Nutzungsvertrag mit dem Eigentümer der Baulichkeit nicht abgeschlossen, soll der Eigentumsübergang am Gebäude nichtig sein (OG NJ 1988, S. 162). Der Verkäufer hat das Erlangte gemäß § 356 ff. ZGB herauszugeben. **63**

Bis zum Änderungsgesetz zum ZGB von 1990 unterlag der Vertrag über die Begründung eines neuen Nutzungsverhältnisses an einem Grundstück, wenn er in Verbindung steht mit der Übertragung des Eigentums an einer Baulichkeit durch den bisherigen Nutzungsberechtigten, der staatlichen Genehmigung. Die staatliche Genehmigung wurde nur erteilt, wenn das Eigentum an der Baulichkeit auf den nachfolgenden Nutzungsberechtigten übertragen wurde. Diese Genehmigung wird jetzt nicht mehr gefordert, vgl. die Streichung des Buchstaben m) in § 2 Abs. 1 der Grundstücksverkehrsverordnung und der Worte „und der staatlichen Genehmigung" in § 296 Abs. 2 2. Satz.

64 Bei allen Verfügungen über Baulichkeiten und das genutzte Grundstück durch den Nutzer ist zu beachten, ob Baulichkeiten und Nutzungsrechte zum gemeinschaftlichen Vermögen von Ehegatten gehören. Die Beendigung eines Nutzungsverhältnisses über eine Bodenfläche, dessen Partner beide Ehegatten in ehelicher Vermögensgemeinschaft sind, stellt eine Verfügung über ein Grundstück dar, die gemäß § 15 Abs. 2 Satz 1 FGB nur dann rechtswirksam ist, wenn sie von beiden Ehegatten vorgenommen wird. Ist die Beendigung des Nutzungsverhältnisses rechtsunwirksam, so auch der Eigentumsübergang an der Baulichkeit.

Das vertragliche Recht zur Nutzung einer Bodenfläche als Kleingarten, zur Erholung oder Freizeitgestaltung stellt ein dem Wesen des persönlichen Eigentums entsprechendes Recht im Sinne des § 23 Abs. 1 Satz 2 ZGB dar. Deshalb geht dieses Recht beim Tod des Nutzers gemäß §§ 362, 363 Abs. 1 ZGB auf dessen Erben über (Ausnahme Kleingarten im Rahmen einer Kleingartenanlage des VKSK, vgl. Rdnr 68).

Dagegen ist § 125 ZGB, wonach beim Tode des Mieters einer Wohnung dessen im Haushalt lebende Familienangehörige in den Mietvertrag eintreten können, auf Nutzungsverhältnisse an Bodenflächen nicht entsprechend anwendbar (vgl. Hejhal/Janke, a.a.O., S. 454 r. Sp.).

3.5. Besonderheiten bei der Nutzung von Bodenflächen in einer Kleingartenanlage

Literatur:
Oehler, Die staatliche Leitung der Bodennutzung – Rechtsfragen, Staatsverlag Berlin 1985, Abschn. 6; Rohde u. a., Bodenrecht, Staatsverlag Berlin 1989, Abschn. 9.2. (S. 225 ff.).

65 Die kleingärtnerische Nutzung von Bodenflächen erfolgt in der

DDR in erster Linie im Rahmen des Verbandes der Kleingärtner, Siedler und Kleintierzüchter (VKSK). Die Mitglieder des Verbandes sind in Sparten organisiert. Es bestanden Anfang 1988 etwa 785 000 Kleingärten in Anlagen des VKSK (Rohde, a.a.O., S. 225). Hinzu treten kleinere Mietergärten in Wohnhöfen und am Rande von Wohngebieten sowie Wochenendsiedlergärten.

Die Nutzung von Kleingärten im Rahmen der Organisationsform des VKSK wurde und wird staatlich gefördert. Die Standorte für Kleingartenanlagen sind in die Flächennutzungs- und Bebauungspläne verbindlich aufzunehmen und gesondert auszuweisen. Dafür sind Flächen vorzusehen, deren langfristige – zumindest 20- bis 30jährige – Nutzung für diese Zwecke gesichert werden kann. Flächen der Kleingartenanlagen – und andere Kleingärten – dürfen nach der Bodennutzungsverordnung (§ 2 Abs. 1 Buchst. a, § 10 Abs. 3 und 4, § 17 Abs. 3, Satz 3) grundsätzlich nicht für Investitionen und andere gesellschaftlich erforderliche Maßnahmen entzogen oder in der Nutzung beschränkt werden. Falls das dennoch erfolgen muß, sind in den Flächennutzungsplänen Ersatzflächen auszuweisen. In allen Fällen ist bei der Standortbestimmung von niedrigstem Erschließungsaufwand, verkehrsgünstiger Lage und optimalem Schutz des landwirtschaftlichen Bodens auszugehen. In den jeweiligen Territorien (Kreisen) werden Ratsbeschlüsse zur Entwicklung der Kleingartenanlagen gefaßt, die durch Vereinbarungen mit den entsprechenden VKSK-Vorständen ergänzt werden (vgl. Oehler, a.a.O., S. 118/119).

Als Rechtsform der Nutzung im Rahmen der VKSK hat sich ein **66**
„Hauptnutzungsvertrag" zwischen dem Rat der Stadt bzw. Gemeinde und dem Kreisvorstand des VKSK herausgebildet. Vor dem Abschluß des Hauptnutzungsvertrages mußten dem Rat der Stadt bzw. Gemeinde alle für die kleingärtnerische Nutzung im Rahmen einer VKSK-Anlage vorgesehenen Flächen rechtswirksam übergeben sein, insbesondere durch Rechtsträgerwechsel bei volkseigenem Boden, durch Übergabe seitens der LPG gem. § 18 Abs. 2 Buchst. h LPG-Gesetz, durch Übergabe von Flächen, über die ein Nutzungsvertrag mit dem Rat des Kreises besteht. Umfangreiche Zustimmungen und Genehmigungen sind einzuholen: Städtebauliche Bestätigung des Bauamtes, feuerpolizeiliche Zustimmung, Zustimmung der Abteilung Verkehr beim Rat des Kreises, Anschlußgenehmigung der Energieversorgung, Zustimmung der Hygieneinspektion u. a. Der Hauptnutzungsvertrag selbst gibt dann dem VKSK-Kreisvorstand das Recht, über seine Sparten in der Regel unbefristet die kleingärtnerische Bodennut-

zung durch die Mitglieder zu betreiben. Dieses Recht schließt das Recht zur Bebauung mit Gemeinschaftsanlagen sowie mit Gartenlauben u. ä. und das Recht und die Pflicht zur inneren Erschließung der Anlage ein. Es wird ein Nutzungsentgelt vereinbart, das durch die Mitglieder der Sparte, die für ihre Kleingärten zur Zahlung von Nutzungsentgelt verpflichtet sind, aufgebracht wird.

67 Auf dieser Grundlage vergibt der Vorstand der Kleingartensparte die Parzellen an die Mitglieder. Es werden Kleingartennutzungsverträge abgeschlossen (§ 312 ZGB). Die Rechte und Pflichten des Nutzers ergeben sich aus § 313 ZGB und der VKSK-Kleingartenordnung, die zum Vertragsinhalt wird. Die Größe der Parzellen beläuft sich in der Regel auf 250–400 qm. In der Liegenschaftsdokumentation wird nur die Kleingartenanlage als Ganzes ausgewiesen, d. h. weder nach Grundstücksgrenzen noch nach den einzelnen Parzellen unterteilt. Grundlage bildet ein entsprechender Lageplan mit den Begrenzungen der Anlage (Oehler, a.a.O., S. 119).

Eine Bebauung der Parzellen mit „Gebäuden“ im Sinne des ZGB kann aus dem Vertrag nicht hergeleitet werden. Über die Bebauung mit einer Gartenlaube (Baulichkeit im Sinne des § 296 ZGB) werden die vertraglichen Festlegungen in Übereinstimmung mit dem Statut des VKSK und seiner Kleingartenordnung getroffen. Der Vorstand der Sparte ist berechtigt, über Größe und Bauweise dieser Baulichkeiten im Rahmen der Verordnung über Bevölkerungsbauwerke vom 8. 11. 1984 und der Beschlüsse des Zentralvorstandes des VKSK selbständig zu entscheiden (§ 17 Abs. 2 der VO über Bevölkerungsbauwerke). Ihm kann dazu auch durch Beschluß des Rates der Stadt bzw. Gemeinde nach vorheriger Genehmigung durch den Vorsitzenden des Rates des Kreises die Befugnis zum Erteilen der staatlichen Bauzustimmung übertragen werden (§ 17 Abs. 1, a.a.O.). Er darf die Zustimmung allerdings erst erteilen, wenn die „Baugenehmigung“ der Staatlichen Bauaufsicht vorliegt. Über Beschwerden gegen Entscheidungen des Spartenvorstandes entscheidet der Rat der Stadt bzw. Gemeinde.

68 Einige Besonderheiten in den Rechten und Pflichten des VKSK-Kleingärtners, die sich aus der Natur der Sache ergeben, sind in § 315 ZGB geregelt. § 315 Abs. 1 schafft die Rechtsgrundlage für Beschlüsse der Mitgliederversammlung der Sparte, mit denen von den Nutzungsberechtigten gefordert werden kann, sich an Gemeinschaftsleistungen zu beteiligen. § 315 Abs. 2 regelt Besonderheiten bei der Beendigung des Nutzungsverhältnisses. Danach ist der Nutzungsberechtigte verpflichtet, die von ihm errichteten Baulichkeiten, Anlagen und Anpflanzungen, soweit zur weiteren kleingärtnerischen Nutzung erforderlich, auf dem Grundstück zu belassen. Sie sind, wenn nichts anderes vereinbart wird, von dem nachfolgenden Nutzer (also nicht vom Überlassenden wie nach § 314 Abs. 6!) zu vergüten. Es erfolgt also ein Kauf durch den nachfolgenden Nutzer. In verschiedenen Nutzungsverträgen ist abweichend davon festgelegt, daß die Einrichtungen und Kulturen vom Vorstand der Sparte vergütet werden, aber erst, wenn der neue Nutzer den dafür geschätzten Betrag an den Vorstand gezahlt hat. Wie das Oberste Gericht entschieden hat, hat in einem solchen Fall die Kleingartensparte dafür zu sorgen, daß der neue Nutzer seine Verbindlichkeiten in einer angemessenen Frist erfüllt, damit der Geldbetrag in einer zumutbaren Zeit an den früheren Nutzer weitergeleitet werden kann (OG NJ 1979, S. 516).

3.6. Die Rechtsstellung des privaten Grundstückseigentümers nach dem Bodenrecht der DDR (außer Eigentümern landwirtschaftlich genutzten Bodens)

3.6.1. Allgemeines. Persönliches und privates Grundstückseigentum.

Literatur:
Rohde, „Modernisierung, Bodenbereitstellung, Entschädigung", Staatsverlag Berlin 1988, Abschn. 2 (S. 42 ff.).

70% des Bodens in der DDR stand Ende 1989 in privatem bzw. **69**
persönlichen Eigentum. Davon ist der überwiegende Teil land- und forstwirtschaftlich genutzt und unterliegt damit besonderen Regelungen (vgl. Rdnr 19–28). Der andere Teil dient entweder der Befriedigung der persönlichen Wohn- und Erholungsbedürfnisse des Eigentümers (Eigenheime, Gärten usw.) oder wurde an andere Bürger oder Betriebe zur Nutzung überlassen (Mietwohngrundstücke, Gärten, die zur Nutzung überlassen sind, gewerbliche Grundstücke). Ein kleiner, aber wachsender Teil des Grundeigentums wird durch private Eigentümer selbst gewerblich genutzt. Eine Reihe von Grundstücken gehört den Kirchen und Religionsgemeinschaften und dient ihren Zwecken.

Für die Rechtsstellung des Eigentümers gilt zunächst der Grundsatz des § 24 ZGB. Er garantiert dem Eigentümer – ob persönlicher Eigentümer oder Privateigentümer – das Recht zum Besitz, zur Nutzung und zur Verfügung über sein Eigentum. § 33 ZGB räumt dem Eigentümer ein Recht auf Schutz gegen jeden ein, der sein Eigentum rechtswidrig verletzt oder seine Nutzung beeinträchtigt. Diesen „klassischen" Rechten stehen weitgehende Bindungen des Eigentümers an staatliche bzw. gesellschaftliche Interessen gegenüber. Man kann zwei Gruppen von solchen Bindungen unterscheiden, die die Eigentümer je nachdem, um was für Eigentumsgegenstände es sich handelt, unterschiedlich stark berühren. Sie führten dazu, daß von einem Recht, mit seinem Eigentum „nach Belieben zu verfahren" (§ 903 BGB), nach der Rechtsordnung der DDR jedenfalls für das Grundeigentum keine Rede sein konnte.

70 Die erste Gruppe von Bindungen des Eigentümers betrifft das „Privateigentum" an Grund und Boden. Die Abgrenzung zwischen Privateigentum und persönlichem Eigentum konnte niemals juristisch scharf vorgenommen werden. Das entscheidende Kriterium war ein ökonomisches, kein juristisches: Persönliches Eigentum sollte solches Eigentum sein, das durch den Eigentümer und seine Familie individuell genutzt wird. Es sollte in erster Linie und vorwiegend konsumtiven Bedürfnissen des Eigentümers dienen. Privateigentum ist – oder besser: war – alles andere Eigentum, das Privatpersonen zustand.

Es gab eine allgemeine Regel, die für beide Eigentumsformen galt: Der Gebrauch des persönlichen wie des privaten Eigentums durfte den gesellschaftlichen Interessen und den berechtigten Interessen anderer Bürger und Betriebe nicht zuwiderlaufen (§ 22 Abs. 3 ZGB, § 3 EG ZGB, vgl. auch Artikel 11 Abs. 3 der Verfassung von 1968/74). Diese Regel wurde bekanntlich weit ausgelegt. Trotzdem wurde die Nutzung des persönlichen Eigentums durch die Gesetzgebung stärker geschützt und die Verfügung über dieses weniger reglementiert. Kennzeichnend dafür ist der Vollstreckungsschutz für die persönliche Hauswirtschaft nach § 34 LPG-Gesetz und die Privilegierung des Eigentums am Eigenheim bei der Enteignungsentschädigung (vgl. Rdnr 98). Auch verwaltungsrechtlich existierte für Sachen, die zum persönlichen Eigentum gerechnet wurden, ein besserer Schutz vor Eingriffen, so gegen die Erfassung von Wohnraum in Eigenheimen durch die staatlichen Verwaltungsorgane (§ 16 Abs. 3 WRLVO).

71 Der Privateigentümer wurde dagegen in vielen Rechtsvorschriften dazu angehalten, unabhängig von seinen materiellen Interessen (vielfach gegen seine materiellen Interessen!) in Erfüllung staatlicher Auflagen sein Eigentum in bestimmter Weise zu nutzen bzw. darüber zu verfügen. Die Rechtsvorschriften sahen insbesondere für die Eigentümer von Mietwohngrundstücken weitgehende Einschränkungen ihres Eigentums vor, weil es nicht gelang, die ökonomischen Interessen der Gesellschaft, der Hauseigentümer und der Mieter in vertretbarer Weise in Übereinstimmung zu bringen.

Die Pflichten des Eigentümers von Mietwohngrundstücken waren vor allem in § 15 des Baulandgesetzes vom 15. 6. 1984 und in § 20 der WRLVO geregelt. Danach waren die Eigentümer verpflichtet, die in den Volkswirtschaftsplänen für ihr Gebäude enthaltenen Maßnahmen der Modernisierung, des Um- und Ausbaus sowie der Instandsetzung und Instandhaltung durchzuführen und die entsprechenden Verträge mit den Baubetrieben bzw. bei Eigenleistungen der Mieter mit den Mietern abzuschließen. Ihnen wurden damit dieselben Pflichten zugemutet, wie den Rechtsträgern volkseigener Grundstücke. Nach einer speziellen Verordnung über die Finanzierung von Baumaßnahmen zur Schaffung und Erhaltung von privatem Wohnraum von 1960 (geändert 1967) wurden ihnen dazu langfristige Kredite gewährt. Um die Mindesttilgung dieser Kredite zu gewährleisten, wurde bei unrentablen Wohngrundstücken die Rückzahlung von Zinsen und Tilgungsraten anderer Forderungen, die mit dem Grundstück in wirtschaftlichem Zusammenhang standen, gestundet, im Extremfall sogar die Zinsen für den Kredit selbst.

Die hier beschriebenen Regelungen waren ein deutlicher Ausdruck der in der DDR auf diesem Gebiet tatsächlich seit langem bestehende Interessenlage. Durch das eiserne Festhalten am Mietpreisniveau von 1936 war das Interesse der Grundstückseigentümer an der Erhaltung und Verbesserung ihrer Wohngebäude längst erlahmt. Die Verschuldung der Grundstücke nahm besonders bei älteren, bereits verschlissenen Häusern stark zu – ohne jede Aussicht, den erreichten Stand wieder abzubauen. Die daraus resultierende mangelnde Eigeninitiative der Eigentümer, die auch in zunehmenden Verzichten auf das Grundeigentum zum Ausdruck kam (§ 310 ZGB), mußte immer stärker durch den Ausbau des administrativen Systems ersetzt werden. Dementsprechend wurde dem Rat der Stadt bzw. der Gemeinde das Recht eingeräumt, die Durchführung von Baumaßnahmen anzuordnen (§ 16 Abs. 1 Baulandgesetz). Nach § 24 der WRLVO konnte er sie selbst in Auftrag geben (Ersatzvornahme). Er konnte die Aufnahme des Kredits und die Eintragung eines Grundpfandrechts zu seiner Sicherung gegen den Willen des Eigentümers veranlassen und die Kreditrückzahlung von sich aus regeln. Das private Eigentumsrecht an Mietwohngrundstücken war ausgehöhlt. Es ist kein Zufall, daß die Anordnung von Baumaßnahmen in § 16 Abs. 1 des Baulandgesetzes gesetzgeberisch in unmittelbare Nachbarschaft des Verkaufs bzw. des Eigentumsentzuges zugunsten des Volkseigentums gerückt war (vgl. § 16 Abs. 2 des Baulandgesetzes).

Ähnliche Entwicklungen wie bei privaten Miethäusern vollzogen sich auch bei durch volkseigene Betriebe gewerblich genutzten privaten Grundstücken. Die Aushöhlung des Privateigentums kam hier juristisch in der Begründung volkseigener Miteigentumsanteile zum Ausdruck (§ 459 ZGB, vgl. Rdnr 133).

Mit der Neufassung des § 23 Abs. 2 ZGB im Zusammenhang mit dem Staatsvertrag wird der Wille des Gesetzgebers erkennbar, die unterschiedliche Behandlung von persönlichem und privatem Eigentum und damit auch die extreme Bindung des Privateigentums an staatlich festgelegte gesellschaftliche Interessen aufzugeben.

In der gemeinsamen Erklärung der Regierungen der BRD und der DDR zur Regelung offener Vermögensfragen vom 15. Juni 1990 wird von einer Pflicht zur Rückgabe ehemals privater Hausgrundstücke ausgegangen, soweit sie aufgrund „ökonomischen Zwanges" in Volkseigentum übergegangen waren. Ob man allerdings allein aus dem Mißverhältnis zwischen den gesetzlichen Mietpreisen und den notwendigen Aufwendungen zur Erhaltung der Mietsache den Schluß ziehen kann, jeder Verzicht und jeder Verkauf sei unter ökonomischem Zwang erfolgt, erscheint zumindest zweifelhaft. Was dem Westeigentümer recht ist, müßte ja auch dem DDR-Eigentümer billig sein. Eine eindeutige gesetzliche Regelung mit Kriterien, Anmeldefristen u. ä. ist angezeigt.

73 Die zweite Gruppe von Pflichtbindungen des Eigentums folgt aus dem Bodenrecht. Sie gilt für persönliches wie für privates Eigentum am Boden. Sie kommt im ZGB besonders in der Fassung des § 284 ZGB zum Ausdruck. § 284 Abs. 2 des ZGB verpflichtet jeden privaten Bodennutzer, also auch den, der aus seinem Eigentumstitel heraus privat nutzt, zur Pflege und zum Schutz des Bodens. Zweckgebundene Nutzung der Grundstücke und Gebäude wird gefordert, jede den gesellschaftlichen Erfordernissen widersprechende Bodennutzung verboten. Das Instrumentarium zur Durchsetzung dieser allgemeinen Anforderungen stellt vor allem die Bodennutzungsverordnung und die Grundstücksverkehrsverordnung zur Verfügung (vgl. Rdnr 37 und 105). Man wird davon ausgehen müssen, daß auch unter marktwirtschaftlichen Bedingungen die rationelle Nutzung des Bodens Bindungen des privaten Grundstückseigentümers – wenn auch z. T. in anderer Form – verlangen wird.

3.6.2. Das Bodeneigentum von Übersiedlern. Ein extremes Beispiel für die Auslegung der Verfassungsbestimmungen über die Sozialpflichtigkeit des Eigentums – Art. 22 der Verfassung von 1949, Art. 11 Abs. 3 der Verfassung von 1968/74 – und ihre wechselnde Handhabung bietet die Gesetzgebung über das Eigentum von Personen, die aus der DDR in die BRD bzw. nach Berlin (West) übersiedelten. Das betraf natürlich sowohl das Eigentum an beweglichen Sachen wie an Grundstücken, spielte aber von Anfang an beim Bodeneigentum eine besondere Rolle. Sonderregelungen für die Behandlung des Eigentums von Betrieben, die von ihren Eigentümern „verlassen" wurden bzw. für die Bewirtschaftung „aufgegebener" Flächen ergingen zuerst – schon 1952 – für den Bereich der Landwirtschaft. Danach konnte für aufgegebene Ländereien eine zinslose Zwangsverpachtung auf die Dauer von mindestens 5 Jahren vorgenommen und bei sog. devastierten, d. h. von ihren Eigentümern verlassenen Betrieben ein Treuhänder eingesetzt werden. Diese Regelungen erfaßten in erster Linie, wenn auch nicht ausschließlich, die Wirtschaften von Bauern, die die DDR damals in Richtung Bundesrepublik verließen. Sie sollten die Weiterbewirtschaftung der von ihnen zurückgelassenen Bodenflächen sichern. Flankierend dazu wurden Maßnahmen zur Senkung der Ablieferungsverpflichtungen, zur Steuerbefreiung usw. für die neuen Bewirtschafter festgelegt. 74

Wenig später – im Juli 1952 – erfolgte, offensichtlich im Zusammenhang mit der Verkündung des Aufbaus des Sozialismus auf der 2. Parteikonferenz der SED, eine Radikalisierung des Kurses gegenüber den sog. „Republikflüchtigen". Die Verordnung vom 17. 7. 1952 „über die Sicherung von Vermögenswerten" sah in ihrem § 1 die Beschlagnahme aller Vermögenswerte von Personen vor, die die DDR verlassen, ohne die polizeilichen Meldevorschriften zu beachten, „oder hierzu Vorbereitungen treffen". Diese Regelung, ohnehin sehr unscharf und auslegungsfähig formuliert, wurde in ihrer Anwendung in zwei Richtungen über ihren Wortlaut hinaus extrem erweitert:

1. wurde die Beschlagnahme nicht nur vom Zeitpunkt der Regelung an, sondern für alle Personen ausgesprochen, die die DDR bzw. vorher die sowjetische Besatzungszone seit dem 8. 5. 1945 ohne Beachtung der polizeilichen Meldevorschriften verlassen haben;

2. wurde die Beschlagnahme als Entzug zugunsten des Staates gedeutet. Diese Deutung wurde zunächst intern vorgenommen, dann aber – allerdings erst 4½ Jahre später – durch das Gesetz vom 2. 11. 1956 bestätigt. Das Gesetz regelte die Befriedigung von Ansprüchen Dritter gegen Personen, deren Vermögen nach der Verordnung vom 17. 7. 1952 beschlagnahmt worden war. Es stellte schon in der Überschrift des Gesetzes und gleichlautend im Wortlaut des § 1 fest, daß die Ansprüche gegen Personen geregelt werden, deren Vermögen nach § 1 der Verordnung zur Sicherung von Vermögenswerten „in das Eigentum des Volkes übergegangen sind".

75 Diese drakonischen Maßnahmen, die den Maßnahmen gegen geflüchtete Weißgardisten in der jungen Sowjetunion nachgebildet waren, verfehlten ihren Hauptzweck, nämlich das Eindämmen der Republikflucht. Sie wurden deshalb im Zusammenhang mit dem Neuen Kurs vom Juni 1953 aufgehoben. Die entsprechende Verordnung wurde vor den Ereignissen am 17. und 18. Juni 1953 erlassen – Verordnung über die in das Gebiet der DDR und den Demokratischen Sektor von Groß-Berlin zurückkehrenden Personen – aber erst nach diesen Ereignissen, die ihre Notwendigkeit unübersehbar bestätigten, veröffentlicht. Die bis dahin erfolgten Enteignungen wurden aber, soweit die Eigentümer nicht in die DDR zurückkehrten, aufrechterhalten.

Ebenso erhalten blieb die ebenfalls auf der Grundlage der Verordnung vom 17. 7. 1952 angeordnete vorläufige Verwaltung von Vermögenswerten, darunter Grundstücken und Gebäuden, von Personen, die schon vor dem 8. 5. 1945 im Gebiet der späteren BRD oder Westberlins ihren Wohnsitz hatten oder nach diesem Stichtag legal dorthin ausgereist waren (§ 6 der Verordnung). Der Wille des Gesetzgebers, diese vorläufige Verwaltung, soweit sie ausgesprochen worden war, bestehen zu lassen, ergibt sich aus der 2. DB zur VO über die in das Gebiet der DDR und den Demokratischen Sektor von Groß-Berlin zurückkehrenden Personen, die die Aufhebung der Verwaltung an die Rückverlegung des Wohnsitzes knüpfte, und aus der im Gesetzblatt veröffentlichten Anweisung über die Besteuerung vorläufig verwalteter Betriebe und Vermögensmassen vom 9. 4. 1954 (S. 159). Diese Auslegung wurde durch ein Urteil des Obersten Gerichts vom 1. 9. 1965 – Z Uz 10/65 – veröffentlicht in NJ 1966, S. 507 und OGZ Bd. 11, S. 227 bestätigt.

Die Korrektur der überspitzten und vom rechtsstaatlichen Standpunkt aus unvertretbaren Maßnahmen von 1952 erfolgte also

– das muß eindeutig festgestellt werden – in allen Punkten nur halbherzig. Noch in den 70er Jahren konnten deshalb z. B. Verträge über die Überlassung unter vorläufiger Verwaltung stehender Grundstücke an private Nutzer abgeschlossen werden, die dem privaten Nutzer eine eigentümerähnliche Stellung einräumten: Keine Miet- oder Pachtzahlungen, 30 Jahre unkündbares Nutzungsverhältnis, Einräumung einer Sicherungshypothek durch den Verwalter für alle Werterhöhungsmaßnahmen!

Für Bürger der DDR, die nach dem 10. 6. 1953 nach der BRD **76**
bzw. Berlin (West) übersiedelten, trat hinsichtlich ihres Eigentums der Rechtszustand wieder in Kraft, wie er vor 1952 gegolten hatte. Ihr Eigentum und sonstiges Vermögen wurde entweder durch einen vom Eigentümer dafür eingesetzten Bevollmächtigten oder durch einen vom Staatlichen Notariat bestellten Abwesenheitspfleger – nach § 1911 BGB – und nur in besonderen Fällen durch einen vom Rat des Kreises eingesetzten Treuhänder verwaltet. Der Einsatz eines Treuhänders war nach der Anordnung (Nr. 1) über die Behandlung des Vermögens von Personen, die die DDR nach dem 10. 6. 1953 verlassen (GBl Nr. 130, S. 1231), nur vorgesehen, wo es sich um Industriebetriebe, größere Handwerksbetriebe und Handelsgeschäfte, Landwirtschaftsbetriebe oder Mietwohngrundstücke sowie um bestimmte gesellschaftsrechtliche Beteiligungen handelte und der Eigentümer keinen für die Verwaltung dieser Vermögenswerte geeigneten Bevollmächtigten eingesetzt hatte (§ 3 der AO). Auf Artikel 22 der Verfassung – Sozialbindung des Eigentums – wurde ausdrücklich verwiesen. Gegen Entscheidungen über die Ablehnung des vom Eigentümer eingesetzten Bevollmächtigten als nicht geeignet war sogar die Beschwerde des Eigentümers, allerdings nur auf dem Verwaltungswege, zugelassen (§ 11 der AO). Die Abwesenheitspflegschaften waren nach den Vorschriften des BGB durchzuführen, so sofort ein Vermögensverzeichnis aufzunehmen sowie die Beschränkungen bei Rechtsgeschäften und bei Verfügungen über die Gegenstände zu beachten (u. a. §§ 1804, 1805, 1821, 1822 i.V.m. § 1915 Abs. 1 BGB).

1958, mit der bekannten Anordnung Nr. 2, erfolgte wiederum eine bedeutende Veränderung – für die in die BRD Übersiedelnden: Verschlechterung – der Rechtslage bei Verlassen der DDR. Durch das Gesetz zur Änderung des Paßgesetzes vom 11. 12. 1957 (GBl I Nr. 78 S. 650) war das ungesetzliche Verlassen der DDR unter Strafe gestellt worden. Mit der AO Nr. 2 vom 20. 8. 1958 (GBl I S. 664) wurden daraus Konsequenzen für das Zivilrecht gezogen: Private Bevollmächtigung durch den Eigentümer und

Abwesenheitspflegschaft entfielen, alles bisher von diesen Personen verwaltete Vermögen wurde – wie bisher schon volkswirtschaftlich wichtige Vermögenswerte – staatlichen Treuhändern übertragen. Als staatliche Treuhänder fungierten in der Regel Vertreter staatlicher Organe, d. h. Bürgermeister u. ä. Für die Zeit der Treuhandverwaltung standen dem Eigentümer Erträge nicht zu. Von einem Kontakt des Abwesenheitspflegers mit dem Eigentümer, wie noch in der Arbeitsanweisung zur Anordnung (Nr. 1) über die Behandlung des Vermögens von Personen, die die DDR nach dem 10. Juni verlassen (vom 5. 12. 1953, ZBl. S. 576), ausdrücklich empfohlen wurde, war für den Treuhänder nicht mehr die Rede.

77 Mit der Verordnung vom 11. 12. 1968 (GBl II 1969, S. 1), erging dann die letzte, diese Frage betreffende Rechtsvorschrift vor der „Wende". Die Rechte und Pflichten des „Verwalters" – zwischen dem Begriff Treuhand und Treuhänder und Verwaltung bzw. Verwalter ging es in der Gesetzgebung ohne ersichtlichen Grund vielfach hin und her – gegenüber Gläubigern in der DDR wurden definiert. Dabei wurde sein Recht bestätigt, bei Überschuldung oder wenn die Befriedigung von Forderungen, die im Zusammenhang mit den verwalteten Vermögenswerten standen, auf andere Weise nicht möglich war, einen Verkauf des verwalteten Vermögens vorzunehmen.

Den LPG bzw. zur Nutzung übergebene landwirtschaftliche Grundstücke und bauliche Anlagen durften nur vom Rat des Kreises zugunsten des Volkseigentums erworben werden, alle anderen Vermögenswerte konnten an jedermann verkauft werden (§§ 2 und 3 der VO). Die Befriedigung der Forderungen der Gläubiger sollte bei Überschuldung nach der im Konkurs geltenden Rangfolge – bei Privilegierung der Rechtsträger von Volkseigentum – erfolgen.

Auf diese Weise wurde auch in den 70er Jahren wieder in starkem Maße ein Eigentumsentzug zum Nachteil von Übersiedlern herbeigeführt – und zwar im Unterschied zu 1952/53 sowohl zugunsten des Volkseigentums wie anderer Privateigentümer. Der Eigentumsentzug auf der Grundlage dieser VO wegen Überschuldung war zweifellos für die Übersiedler diskriminierend – ähnlich, wenn auch in anderer Form, wie die Enteignung per Gesetz durch die Verordnung vom 17. 7. 1952. Auf der anderen Seite konnten die DDR-Bürger, die solche Grundstücke oder Gebäude erwarben, anders als z. B. bei erzwungenen Schenkungen, die verschiedentlich als Preis für eine Ausreise gefordert und geleistet worden waren, auf die Rechtmäßigkeit des Erwerbs vertrauen. Er stand in Übereinstimmung mit der in der DDR geltenden Rechtsordnung.

Die gemeinsame Erklärung der Regierungen der BRD und der DDR zur Regelung offener Vermögensfragen vom 15. Juni 1990, die in der Presse veröffentlicht wurde, berücksichtigt diesen Gesichtspunkt. Im Prinzip wurde die Rückgabe enteigneten Grundvermögens vereinbart. „Sofern (aber) Bürger der DDR an zurückzuübereignenden Immobilien Eigentum oder dingliche Nutzungsrechte in redlicher Weise erworben haben, ist ein sozial verträglicher Ausgleich an die ehemaligen Eigentümer durch Austausch von Grundstücken mit vergleichbarem Wert oder durch Entschädigung herzustellen. Entsprechendes gilt für Grundvermögen, das durch den staatlichen Treuhänder an Dritte veräußert wurde", heißt es in Ziffer 3 der Erklärung. Eine gesetzliche Regelung, die auf dieser Grundlage auch die Einzelheiten klarstellt, ist in Aussicht genommen.

Leichter und schneller als die Rückabwicklung von Enteigneten **78**
oder die Entschädigung ist die Aufhebung der staatlichen Verwaltungen bzw. Treuhandschaften zu lösen. Den ersten Akzent zu einer Umkehr auf diesem Gebiet setzte schon am 11. 11. 1989 die Anordnung „zur Regelung von Vermögensfragen" (GBl I Nr. 22 S. 247). Mit dieser Anordnung wurden Personen, die nach dem 31. 7. 1989 die DDR verlassen haben, von vermögensrechtlichen Sanktionen freigestellt. Sie konnten jetzt selbst die Regelung ihrer Vermögensverhältnisse übernehmen oder Bevollmächtigte bestimmen. Alle bis zum 31. 7. 1989 wegen sogenannter „Republikflucht" angeordneten staatlichen Treuhandverwaltungen blieben jedoch noch bestehen. Die Verfassungsmäßigkeit der letztgenannten Regelung wurde angezweifelt (vgl. Beschluß des Präsidiums des BG Frankfurt/Oder vom 4. April 1990 – BZK 10/90 – NJ 1990, Heft 6, S. 265). Die Aufhebung der staatlichen Treuhandschaften und Verwaltungen wurde zwischen den beiden deutschen Regierungen in Ziffer 2 der gemeinsamen Erklärung vom 15. 6. 1990 fest vereinbart.

4. Der Entzug und die Beschränkung des Eigentums an Grundstücken und Gebäuden für gemeinnützige Zwecke

4.1. Der Eigentumsentzug nach dem Baulandgesetz

Literatur:
Rohde, Modernisierung – Bodenbereitstellung – Entschädigung, Staatsverlag Berlin 1988.

79 Wie in allen Ländern ergaben (und ergeben) sich auch in der Deutschen Demokratischen Republik vielfache Notwendigkeiten, Grundstücke, die in privatem Eigentum stehen, für gemeinnützige Zwecke in Anspruch zu nehmen. Als „gemeinnützig" sind insbesondere städtebauliche Aufgaben, Erfordernisse des Bergbaus, der Energiewirtschaft und der Wasserwirtschaft, der Bau, die Erweiterung und Modernisierung von Verkehrsanlagen und Notwendigkeiten des Umweltschutzes und der Erhaltung von Denkmalen anzusehen. Auch Maßnahmen der Landesverteidigung gehören hierher. Die genannten Aufgaben können den Entzug des Privateigentums zugunsten des Staates erforderlich machen. In bestimmten Fällen genügt aber auch ein zeitweiliger Entzug der Nutzung zugunsten des Trägers des gemeinnützigen Zweckes oder eine Nutzungsbeschränkung für den Privateigentümer. Nutzungsbeschränkungen oder ein nur zeitweiliger Entzug der Nutzung werden hier als „Beschränkung des Eigentums" gefaßt.

Der Entzug und die Beschränkung des Eigentums für gemeinnützige Zwecke sind in der DDR je nach der Art des mit der Maßnahme verfolgten Zwecks in besonderen Gesetzen geregelt: Berggesetz, Baulandgesetz, Verteidigungsgesetz, Atomenergiegesetz usw. Die Gesetzgebung folgt damit den Richtlinien des Verfassungsgesetzgebers. In der Verfassung von 1949 war in Artikel 23 festgelegt worden, daß Beschränkungen des Eigentums und Enteignungen nur „zum Wohle der Allgemeinheit und auf gesetzlicher Grundlage" vorgenommen werden können. In Artikel 16 der Verfassung von 1968/74 hieß es ähnlich, daß Enteignungen „nur für gemeinnützige Zwecke auf gesetzlicher Grundlage" – und gegen angemessene Entschädigung, dazu später – zulässig sind. Der Begriff der Gemeinnützigkeit wird dann im Entschädigungsgesetz von 1984 wiederholt (§ 1).

Der Entzug und die Beschränkung des Eigentums an Grund- 80
stücken und Gebäuden durch den Staat im Wege der Enteignungsgesetzgebung hat in der DDR im Laufe ihrer Geschichte eine wesentlich größere Rolle gespielt als in den westlichen Ländern. Dementsprechend war auch der Inhalt der Gemeinnützigkeit bedeutend weiter gespannt, vom Standpunkt eines westlichen Betrachters weit überdehnt. Das folgte zum Teil aus der Notwendigkeit für die DDR, radikale und weitreichende Maßnahmen der Grenzsicherung zu treffen, um Flucht bzw. Übertritt aus der DDR in die Bundesrepublik zu verhindern. Das folgte aber vor allem aus der Tatsache, daß fast der gesamte Wohnungsbau und alle industriellen Baumaßnahmen durch staatliche Betriebe durchgeführt und durch staatliche Organe organisiert wurden. Jede Errichtung eines neuen Betriebes oder eines neuen Wohngebietes, ja selbst die Errichtung von Eigenheimen erforderte und gestattete, wenn volkseigener Boden nicht zur Verfügung stand und ein Kauf nicht zustande kam, den Entzug des Grundeigentums durch den Staat. Das gleiche galt vielfach für notwendige Rekonstruktions- und Modernisierungsmaßnahmen an privater Altbausubstanz. Vergesellschaftung hieß Verstaatlichung. Realisierung bedeutender, gesellschaftlich relevanter Interessen war oft nur noch über die Zurückdrängung privater Interessen, d. h. über staatliche Eingriffe ins Eigentum durchzusetzen.

Aus dieser gesellschaftlichen Grundsituation in der DDR folgte nicht nur der Rang, den die gesetzlich geregelte Enteignung von Privateigentum für gesellschaftliche Zwecke einnahm, sondern speziell auch die überragende Stellung des Baulandgesetzes vom 15. Juni 1984, GB. I Nr. 17 S. 201. Es ist als eine Art Modellregelung für die Baulandbeschaffung in allen Gesellschafts- und Wirtschaftsbereichen zu betrachten (vgl. Rohde, Bodenrecht, a.a.O. S. 139). Es bedarf daher vorrangig einer detaillierteren Vorstellung.

Vorläufer des Baulandgesetzes, das ja relativ spät erlassen 81
wurde, war das sogenannte Aufbaugesetz, mit vollem Titel: „Gesetz über den Aufbau der Städte in der Deutschen Demokratischen Republik und der Hauptstadt Deutschlands, Berlin (Aufbaugesetz)“ vom 6. September 1950, GBl Nr. 104, S. 965. Dieses Gesetz zielte auf den Aufbau der zerstörten Städte, insbesondere der Stadtzentren von Berlin, Dresden, Leipzig, Magdeburg, Chemnitz, Dessau, Rostock, Wismar, Nordhausen (§ 2). Es enthielt Festlegungen zur Planung der Städte – Flächennutzungsplan, Stadtbebauungspläne, Aufbaupläne, Teilbebauungspläne – und zum Bestätigungsverfahren (§§ 7 bis 11). Die für unseren Zusammenhang

wichtigste Regelung, die bis zum 1. 1. 1985 die Grundlage für die Baulandbeschaffung war, soweit nicht Spezialgesetze zum Zuge kamen, enthielt § 14 des Aufbaugesetzes. Danach konnten Städte, Kreise und Gemeinden oder Teile hiervon zu „Aufbaugebieten" erklärt werden, was eine „Inanspruchnahme" von bebauten oder unbebauten Grundstücken und eine damit verbundene „dauernde oder zeitweilige Beschränkung oder Entziehung des Eigentums und anderer Rechte" ermöglichte. Die Inanspruchnahme erfolgte durch Zustellung eines entsprechenden Bescheids durch das Ministerium des Innern des jeweiligen Landes, später durch den Rat des Kreises. Ein Rechtsmittel stand dem Eigentümer nicht zu.

82 Obwohl die Fassung des Gesetzes sehr weitgehende Eingriffe ermöglichte, wurde die Inanspruchnahme in den Durchführungsregelungen zunächst nicht als Enteignung ausgestaltet. In § 7 der Anordnung zur Durchführungsverordnung zum Aufbaugesetz (Min Bl. Nr. 27, S. 103) hieß es dazu, daß die Inanspruchnahme das Eigentum in der Weise beschränkt, daß die sich aus dem Eigentum ergebenden Befugnisse bis zur endgültigen Regelung auf den Träger der Aufbaumaßnahme übergehen. Miet- und Pachtverträge erloschen, dingliche Rechte konnten nicht mehr geltend gemacht werden, die Räumung des Grundstücks konnte verfügt werden (§§ 5 und 6 der DurchführungsVO zum Aufbaugesetz vom 7. 6. 1951, GBl Nr. 69, S. 552). Veräußerungen und Belastungen blieben formell noch möglich (§ 7 der DVO, a.a.O.), wenn sie auch praktisch ohne jede Bedeutung waren. Die Inanspruchnahme war in der 2. Abteilung des Grundbuches (vgl. Rdnr 160) in folgender Form einzutragen:

„Dieses Grundstück ist auf Grund des § 14 des Aufbaugesetzes vom 6. September 1950 (GBl. S. 965) in Verbindung mit § 3 der Durchführungsverordnung vom 7. Juni 1951 zum Aufbaugesetz (GBl S. 552) zugunsten . . . in Anspruch genommen. Die Inanspruchnahme beschränkt das Eigentum in der Weise, daß die sich aus dem Eigentum ergebenden Befugnisse bis zur endgültigen Regelung nach § 14 Abs. 3 des Aufbaugesetzes auf . . . als Träger der Aufbaumaßnahme übergehen. Auf Ersuchen des Ministeriums des Innern des Landes . . . unter Bezugnahme auf den Inanspruchnahmebescheid vom . . . eingetragen am . . ."

Erst mit dem (ersten) Entschädigungsgesetz der DDR, dem Gesetz vom 25. April 1960, GBl I Nr. 26 S. 257, das speziell die Entschädigung bei Inanspruchnahmen nach dem Aufbaugesetz regelte, wurde die Inanspruchnahme als Eigentumsentzug zugunsten des Staates, sprich als Enteignung ausgestaltet (§ 9). Für die zurückliegenden Inanspruchnahmen wurde festgestellt, daß mit dem Tage des Inkrafttretens des Entschädigungsgesetzes, also mit dem 29. 4. 1960, der Eigentumsübergang in Volkseigentum erfolgt (§ 16 Abs. 2). Gleichzeitig erloschen die dinglichen Rechte.

Der Zweck des Eigentumsentzuges wurde in den 50er und 60er 83
Jahren über Titel und gesetzliches Anliegen des Aufbaugesetzes hinaus erweitert. Aus der ursprünglichen Zielsetzung, durch Inanspruchnahme den Aufbau der zerstörten Städte rasch und komplikationslos zu sichern, wurde in der Praxis schrittweise ein allgemeiner Enteignungstatbestand für Baumaßnahmen. Eine weitere Ausdehnung des § 14 des Aufbaugesetzes brachte die 2. DB zum Aufbaugesetz vom 29. September 1972, GBl II Nr. 59 S. 641. Mit dieser DB konnten Grundstücke auch für den Bau von Eigenheimen und für die Sicherung der Instandsetzung, Modernisierung bzw. des Um- und Ausbaus von Gebäuden zum „Aufbaugebiet" erklärt und anschließend in Anspruch genommen werden. Der Eigentumsentzug zugunsten des Staates wurde zum Mittel, um einen – aus welchen Gründen auch immer „inaktiven" – Privateigentümer durch einen „aktiveren" zu ersetzen.

Allerdings war mit der 2. DB und ihrem Geltungsbereich die Inanspruchnahme zugleich an bestimmte einschränkende Voraussetzungen gebunden. Z. B. galt für die Altbausubstanz, daß der Eigentümer nicht in der Lage oder nicht bereit gewesen sein durfte, die notwendigen Maßnahmen am Gebäude von sich aus durchführen zu lassen. Die einschränkenden Bedingungen für die Inanspruchnahme ermöglichen es, heute die Rechtmäßigkeit des Inanspruchnahmebescheids nachprüfen zu lassen.

Durch Beschluß des Bezirksgerichts Potsdam vom 28. 5. 1990 wurde eine einstweilige Anordnung zugunsten der Antragstellerin – früheren Eigentümerin eines Potsdamer Grundstücks – erlassen, die die Eintragung eines vorläufigen Widerspruchs gegen die Richtigkeit des Grundbuches in bezug auf die Eintragung des Volkseigentums am Grundstück, Rechtsträger: Rat der Stadt, erstrebt hatte. Die Antragstellerin konnte glaubhaft machen, daß der Inanspruchnahmebescheid vom 24. 7. 1978 gesetzwidrig gewesen sei, da sie als damalige Eigentümerin allen Verpflichtungen zur Rekonstruktion nachgekommen sei. Insbesondere habe sie Bauleistungs- und Kreditverträge rechtzeitig abgeschlossen. Die Notwendigkeit, den Widerspruch einzutragen, leitete das Gericht aus dem Publizitätsprinzip ab (vgl. NJ 8/1990, S. 363 und Rdnr 161)

Die Rechtsentwicklung auf dem Gebiet der Baulandbeschaffung 84
durch Eigentumsentzug wurde mit dem Baulandgesetz abge-

schlossen. Es kann kein Zweifel daran bestehen, daß das Baulandgesetz, indem es die Voraussetzungen für die Bereitstellung von Bauland für gemeinnützige Zwecke präzisierte, alle grundlegenden Regelungen in das Gesetz statt in Durchführungsverordnungen und -bestimmungen aufnahm, die Entscheidung über den Eigentumsentzug dem Rat des Kreises als Kollektivorgan zuwies und erstmals eine Beschwerdemöglichkeit für den Eigentümer vorsah, einen Fortschritt gegenüber den bis dahin geltenden Regelungen darstellte. Eine gute Gegenüberstellung zum alten Rechtszustand findet man bei Koppitz, Wirtschaftsrecht, Heft 4/1984, S. 94 ff. Es kann aber ebenso wenig ein Zweifel daran bestehen, daß dieser Fortschritt, insbesondere was die exakte Bestimmung der Voraussetzungen für die Enteignung und ihre Nachprüfbarkeit, aber auch was die Gestaltung der Entschädigungsleistung betraf, den gestiegenen Erwartungen der Bürger nicht gerecht wurde. Der Weg zur Rechtsstaatlichkeit wurde künstlich gebremst.

85 Der **Zweck** des Eigentumsentzuges bzw. der Beschränkung des Eigentums ist im Baulandgesetz relativ klar definiert. Es geht um die Bereitstellung von Bauland für die „planmäßige", d. h. dem Plan entsprechende Errichtung von Gebäuden, baulichen Anlagen und Freiflächen, ferner für die planmäßige Modernisierung, den Um- und Ausbau sowie die Instandsetzung von Gebäuden, baulichen Anlagen und Freiflächen sowie schließlich für die planmäßige Rekonstruktion von Gebäuden und baulichen Anlagen (§ 1 Abs. 1). Bauauftraggeber mußten Staatsorgane, volkseigene Kombinate und Betriebe, staatliche Einrichtungen, sozialistische Genossenschaften oder gesellschaftliche Organisationen oder deren Betriebe sein (ebenda). Diente die Baumaßnahme einem speziellen Zweck für den ein besonderes Gesetz erlassen wurde – wie z. B. dem Bergbau, der Wasserwirtschaft, der Verteidigung – galt immer primär dieses Gesetz (§ 1 Abs. 4).

Gegenstand der Enteignung nach dem Baulandgesetz ist in erster Linie das Eigentum (Privateigentum), ferner die Rechtsträgerschaft, vertragliche Nutzungsrechte sowie im Grundbuch eingetragene, dingliche Rechte (§ 1 Abs. 2). Neben dem Entzug des Eigentums, der Rechtsträgerschaft oder vertraglicher oder dinglicher Nutzungsrechte konnte auch eine Beschränkung dieser Rechte durch die Einräumung von Mitnutzungsrechten vorgenommen werden (§ 1 Abs. 3). Die Enteignung erfolgte im Prinzip zugunsten des Volkseigentums, wenn auch, wie schon nach der 2. DB zum Aufbaugesetz, Volkseigentum manchmal nur vorübergehend begründet wird. In Ausnahmefällen konnte auch Eigentum sozialistischer Genossenschaften oder gesellschaftlicher Organisationen begründet werden (§ 2 Abs. 1).

Als Voraussetzung für die **Zulässigkeit** der Enteignung werden 86 die Verwirklichung gesellschaftlicher Interessen, insbesondere die weitere Verbesserung der Wohnbedingungen der Bürger und die Stärkung der materiell-technischen Basis der Volkswirtschaft bezeichnet (§ 3 Abs. 1). Die Bereitstellung von Grundstücken für Baumaßnahmen hatte nach Maßstäben strenger Sparsamkeit und Wirtschaftlichkeit zu erfolgen, wobei dem Schutz des land- und forstwirtschaftlichen Bodens, von Trinkwassergewinnungsgebieten und von Gebieten natürlicher Heilmittel und der Erhaltung von Kleingärten Priorität zukommen sollte. Bergbauliche Belange, Landeskultur und Umweltschutz sollten berücksichtigt werden. Die Bauauftraggeber waren verpflichtet, bevor Eingriffe in das Eigentum bzw. die Rechtsträgerschaft in Betracht kamen, zunächst alle Möglichkeiten der rationellen Nutzung ihrer eigenen Grundstücke und ihrer erhaltenswerten Bausubstanz auszuschöpfen (§ 3 Abs. 2, § 8 Abs. 1, § 12 Abs. 2). Das Baugelände war erst dann bereitzustellen, wenn es vom Bauauftraggeber auch effektiv genutzt werden konnte.

Der Sicherung eines sparsamen Bodenentzugs dienten Orientierungen für die städtebauliche Planung und Gestaltung von Wohngebieten und die verbindliche Festlegung von „Flächenbedarfsnormativen" (§ 6). Flächenbedarfsnormative wurden für Investitionen der Industrie und Lagerwirtschaft, Baustelleneinrichtungen, den Bau von Eigenheimen, die Errichtung von Verkehrsanlagen und die Durchführung geologischer und geophysikalischer Untersuchungsarbeiten erlassen. Zur rationellen Flächennutzung und Standortkoordinierung konnten „Bauvorbehaltsgebiete" festgelegt werden (§ 7).

Die Einhaltung der genannten Prinzipien des Baulandgesetzes sowie der Orientierungen und Normative wurden im wesentlichen bei der Begutachtung von Investitionen und im Standortverfahren kontrolliert. Die Kontrolle oblag damit staatlichen Gutachterstellen und den örtlichen Räten. Ökonomische Stimuli, die wirksam auf die Minimierung von Baulandanforderungen bzw. die zeitgerechte Bereitstellung von Bauland Einfluß nahmen, bestanden – wenn man einmal von der Bodennutzungsgebühr bei landwirtschaftlichem Boden absieht – nicht. Auch der individuelle Rechtsschutz der Bürger, der in die gleiche Richtung hätte wirken können, war zu schwach entwickelt (Beschwerdemöglichkeit, vgl. Rdnr 89). „Westeigentümer" konnten ihn praktisch nicht wahrnehmen. Die Folgen des einseitig administrativen Kontrollmechanismus waren erhebliche Mängel in der Wirtschaftlichkeit der Baulandbereitstellung, Verschwendung von Bauland, „vorzeitige" Baulandbeschaffung und Rechtsverletzungen (mit Recht angemerkt bei Rohde, Bodenrecht, S. 146/47).

87 Zu den Zulässigkeitsvoraussetzungen des Eigentumsentzuges nach dem Baulandgesetz gehört auch, daß vorher vergeblich versucht worden war, das benötigte Bauland im Wege des Kaufs zu beschaffen (§ 4, § 11). Nur wenn ein solcher Vertrag nicht zustande kam, konnte das Eigentum entzogen oder der Rechtsträgerwechsel angeordnet werden (§ 12). Die Enteignung sollte also stets die ultima ratio sein. Derselbe Grundsatz sollte für die administrative Beschränkung des Eigentums gelten. Wenn die Mitnutzung durch volkseigene Rechtsträger erforderlich war, war zunächst der Abschluß eines Nutzungsvertrages anzustreben.

Durch die Orientierung auf rechtsgeschäftlichen Erwerb durch das Volkseigentum konnte der Privateigentümer vielfach für ihn günstigere Modalitäten für die Übergabe des Grundstücks, die Beendigung von Mietverhältnissen, die Beschaffung notwendiger neuer Gewerberäume u. ä. erreichen. Der **materielle** Vorteil für ihn war allerdings gering, da auch beim Abschluß von Kaufverträgen mit dem Bauauftraggeber die Bestimmungen des Entschädigungsgesetzes über die Höhe und die Zahlung der Entschädigung anzuwenden waren, d. h. der Kaufpreis nicht über die Entschädigungssumme hinausging (vgl. § 1 Abs. 3 des Entschädigungsgesetzes vom 15. Juni 1984, GBl I Nr. 17 S. 209 und Rdnr 97).

Im Baulandgesetz ist vom „Nichtzustandekommen" des Vertrages bzw. des rechtgeschäftlichen Erwerbs als Zulässigkeitsvoraussetzung des Eigentumsentzuges die Rede. In der DVO zum Baulandgesetz vom gleichen Tage heißt es sogar, daß „vorher alle Möglichkeiten zum Abschluß eines Vertrages ausgeschöpft" sein müßten (§ 9 Abs. 1). Rohde, Bodenrecht S. 162 verstand darunter vor allem 2 Fälle:

a) das eigentliche Scheitern von Kaufverhandlungen,
b) den Fall, daß Eigentümer oder dinglich Berechtigte nicht ermittelt werden konnten.

Er nennt als Beispiel, daß die Berechtigten einen zur Zeit unbekannten Wohnsitz haben, die vermögensrechtlichen Verhältnisse einer Erbengemeinschaft verworren sind, die Ermittlung der Erben oder Gläubiger unvertretbar lange dauert oder infolge unterbliebener Grundbuchberichtigungen die Eigentumsverhältnisse unübersichtlich sind, sodaß zu ihrer Klärung eine lange Zeit benötigt würde. Für eine engere Auslegung des § 9 der DVO – nur Fall a) – trat Koppitz, NJ 1988, S. 436 ein.

Weitere Zulässigkeitsvoraussetzungen für den Eigentumsentzug 88 galten für Spezialfälle des Baulandgesetzes. So wurde bei Enteignungen zur Sicherung von Maßnahmen der Modernisierung, des Um- und Ausbaus sowie der Instandsetzung an privaten Gebäuden neben dem „Scheitern" der Kaufverhandlungen, genauer ihrem Nichtzustandekommen (s. o.) gefordert, daß der Eigentümer die Baumaßnahme nicht selbst durchführen will oder eine Vereinbarung über die Durchführung der notwendigen Baumaßnahmen durch Baubetriebe mit ihm nicht zustandekommt (§ 16 Abs. 3, Anlage 2 zu § 11 der DVO zum Baulandgesetz). Damit wurde die in der 2. DB zum Aufbaugesetz (vgl. Rdnr 83) eingeschlagene Linie fortgeführt. Für den Entzug des Eigentums zum Zwecke des Eigenheimbaus wurde zusätzlich zu den anderen Voraussetzungen gefordert, daß der Eigentümer oder der Nutzungsberechtigte des Grundstücks nicht selbst Bewerber für den Bau eines Eigenheims und von den örtlichen Staatsorganen dafür bestätigt ist (§ 12 Abs. 4).

Das **Verfahren** des Eigentumsentzuges ist im Baulandgesetz wie 89 folgt ausgestaltet: Antragsteller war der Bauauftraggeber, d. h. derjenige Betrieb bzw. dasjenige Organ, das die Baumaßnahme durchführen will. Bei der beabsichtigten Errichtung von Eigenheimen bzw. dem beabsichtigten Um- und Ausbau von Privathäusern zu Eigenheimen war Antragsteller der Rat der Stadt bzw. Gemeinde (§ 12 Abs. 1). Die Prüfung der Antragsunterlagen erfolgte durch das Kreisbauamt, das eine Stellungnahme des Rates der Stadt bzw. Gemeinde beiziehen mußte (§ 8 der DVO). Den in ihren Rechten Betroffenen war der Antrag bekanntzugeben. Entscheidungsbefugt war der Rat des Kreises als Kollektivorgan – dort, wo im Ausnahmefall genossenschaftliches oder anderes gesellschaftliches Eigentum statt Volkseigentum entstehen sollte, der Rat des Bezirkes als Kollektivorgan. Die Entscheidung erging damit als Beschluß. Sie war den Betroffenen (Eigentümer, Verfügungsberechtigten, Rechtsträger, Nutzungsberechtigten) auszuhändigen oder zuzusenden. Sie hatte eine Rechtsmittelbelehrung zu enthalten. Rechtsmittel war nach § 21 die Beschwerde, der eine aufschiebende Wirkung zukam. Über die Beschwerde entschied endgültig der Rat des Bezirkes bzw. für Ostberlin der Magistrat durch Beschluß. Die Möglichkeit einer gerichtlichen Nachprüfung war bis in die jüngste Zeit nicht gegeben.

Mit dem durch den Beschluß festgelegten Zeitpunkt entstand

Volkseigentum (bzw. genossenschaftliches oder anderes gesellschaftliches Eigentum, s. o.). Mit diesem Zeitpunkt erloschen auch alle im Grundbuch eingetragenen Rechte Dritter am Grundstück. Die Grundbucheintragung zugunsten des Volkseigentums und die Löschung der Rechte Dritter im Grundbuch waren ihrem Charakter nach Grundbuchberichtigungen. Mit dem im Beschluß festgelegten Zeitpunkt endeten auch alle vertraglichen Nutzungsrechte und entstand der Entschädigungsanspruch (§ 13).

90 Wie ist der Eigentumsentzug nach dem Baulandgesetz aus heutiger Sicht zu beurteilen? Inwieweit werden Rückabwicklungsansprüche entstehen und inwieweit verbleibt es beim bisherigen Rechtszustand? Auch hier ist in erster Linie der Gesetzgeber gefragt. Man wird aber nicht außer acht lassen dürfen, daß Baulandbeschaffung auf diesem Wege international üblich und erforderlich ist, daß ein förmliches Verfahren bestand, wenn es auch rechtsstaatlichen Grundsätzen nicht genügte, daß Entschädigung gezahlt wurde, wenn auch die Grundstückspreise im internationalen Vergleich extrem niedrig lagen. Das spricht für die Respektierung der Enteignungen nach dem Baulandgesetz. Anders allerdings dort, wo – wie leider nicht selten – die Baulandbeschaffung unter deutlicher Verletzung dieses Gesetzes erfolgte, z. B. erheblich mehr Boden enteignet als tatsächlich gebraucht wurde, die Verfahrensregeln mißachtet wurden, die gesetzlichen Zwecke nur ein Vorwand für andere Zwecke waren. Auch dort wird die Rückübertragung in verschiedenen Fällen an der „normativen Kraft des Faktischen“, d. h. an der veränderten Zweckbestimmung des Grundstücks scheitern (vgl. die Gemeinsame Erklärung der Regierungen der BRD und der DDR vom 15. Juni 1990 zur Regelung offener Vermögensfragen, Ziff. 3). Wo keine Rückübertragung erfolgen kann, ist aber Entschädigung zu leisten, gezahlte Entschädigung ist anzurechnen.

4.2. Der Eigentumsentzug und die Beschränkung des Eigentums nach Spezialgesetzen

Literatur:
M. Mücke (Hrsg.), Bergrecht, Staatsverlag Berlin 1983, Abschn. 7;
Rohde, Bodenrecht, Staatsverlag Berlin 1989, Abschnitt 7.3.

91 Die Spezialgesetze, nach denen Eigentum entzogen oder beschränkt werden kann, sollen im Rahmen dieses Buches nur kursorisch dargestellt werden. Der Gegenstand der Enteignung, die Zulässigkeitsvoraussetzungen und das Verfahren sind sehr ähnlich wie im Baulandgesetz gestaltet, nur der Zweck differiert jeweils. Eine erste Gruppe der Spezialgesetze betrifft das Berg-, Wasser- und Atomenergierecht. Es handelt sich hier um klassische Enteignungstatbestände. Die älteste noch gültige Regelung enthält das Berggesetz vom 12. Mai 1969, GBl I Nr. 5 S. 29. Nach § 12 des Berggesetzes kann die Nutzung, das Eigentum oder die Rechtsträgerschaft beschränkt oder entzogen werden, wenn das zu Untersuchungsarbeiten, zur Gewinnung der numeralischen Rohstoffe, zur unterirdischen Speicherung oder Durchführung von Folgeinvestitionen erforderlich ist. Für die Durchführung von Untersuchungsarbeiten genügt oft eine vorübergehende Nutzung, für den Bau von Übertragungsleitungen, Rohrleitungen und Wegen oft nur eine Mitnutzung, beides ohne Veränderung der Eigentumsverhältnisse oder der Rechtsträgerschaft. Für Gewinnungs- und Speicherarbeiten ist dagegen in der Regel der Eigentumswechsel erforderlich. Als Oberbegriff für alle Arten der Beschränkung und des Entzugs von Eigentums- und Nutzungsrechten wird hier wie im Wassergesetz etwas euphemistisch der Begriff der „Nutzungsänderung" gewählt.

Wie beim Baulandgesetz hat auch im Berggesetz der Kaufvertrag bzw. Nutzungsvertrag Priorität vor dem entziehenden Verwaltungsakt. **Wie** beim Baulandgesetz entscheidet, wenn der Vertrag nicht zustandekommt, der Rat des Kreises, ohne daß aber hier eine Entscheidung der Ratsmitglieder als Beschlußorgan gefordert wird. **Anders** als beim Baulandgesetz gibt es kein förmliches Rechtsmittel. **Anders** als beim Baulandgesetz wird über die Beendigung von Miet- und Pachtverhältnissen, die sich auf das Grundstück beziehen, durch den Rat des Kreises gegebenenfalls eine gesonderte Entscheidung getroffen (§ 20 der 1. DVO zum Berggesetz vom gleichen Tage, GBl II Nr. 40 S. 257).

Das geltende Wassergesetz, sehr viel neueren Datums, nämlich **92**
vom 2. Juli 1982, GBl I Nr. 26 S. 467, nennt als Zweck für den Entzug oder die Beschränkung des Eigentums die Schaffung von Trinkwasserschutzgebieten, Trinkwasservorbehaltsgebieten, Uferstreifen, Hochwassergebieten, Deichschutzstreifen, Küstenschutzgebieten und wasserwirtschaftlichen Vorbehaltsgebieten, ferner die Instandhaltung und den Ausbau der Gewässer, schließlich die Errichtung, den Betrieb und die Instandhaltung von Wasserversorgungs- und Abwasseranlagen (§ 40 Abs. 1). Hinsichtlich des Verfahrens verweist es ausdrücklich auf die bergrechtlichen

Regelungen (§ 40 Abs. 5). Ebenso wie beim Bergrecht steht der schwächere Eingriff, der nur auf Beschränkung des Eigentums zielt, gleichberechtigt und gleichgewichtig neben dem Eigentumsentzug.

93 In dieselbe Reihe gehört das Atomenergiegesetz vom 8. Dezember 1983, GBl I Nr. 34 S. 325. Der Ausgangspunkt für den Entzug des Eigentums oder die Anordnung der Mitnutzung oder des Rechtsträgerwechsels ist hier die Festlegung von Schutzgebieten für Kernanlagen durch Schutzgebietserklärung. In der Schutzgebietserklärung sind die für das Schutzgebiet erforderlichen Nutzungsbedingungen und -beschränkungen festzulegen (§ 9 Abs. 3). Soweit es sich aus den Nutzungsbedingungen bzw. -beschränkungen ergibt, wird daraus die Notwendigkeit des Mitnutzungsrechtes, der Übertragung des Eigentumsrechts oder des Rechtsträgerwechsels abgeleitet (§ 9 Abs. 4, Abs. 6). Für das Verfahren sind wieder die bergrechtlichen Bestimmungen entsprechend anzuwenden (§ 5 der DVO vom gleichen Tage, GBl I Nr. 34 S. 330). Wie beim Berggesetz gibt es gegen die Entscheidung des Rates des Kreises über den Entzug oder die Beschränkung des Eigentums kein Rechtsmittel (nur gegen die Entscheidung über die Entschädigung, vgl. Rdnr 99).

94 Wesentlich seltener als die Enteignungstatbestände der genannten Gesetze kamen die des Landeskulturgesetzes vom 14. Mai 1970, GBl I Nr. 12 S. 67 und des Denkmalpflegegesetzes vom 19. Juni 1975, GBl I Nr. 26 S. 458 zur Anwendung. Nach § 14 Abs. 5 des zuerst genannten Gesetzes konnten Nutzungsrechte und Eigentumsrechte oder die Rechtsträgerschaft an Grundstücken oder Grundstücksteilen, die innerhalb von Erholungsgebieten in Uferzonen gelegen waren, entzogen oder beschränkt werden, wenn diese „zur Gestaltung von Anlagen oder Einrichtungen, die der Erholung der Bürger dienen, benötigt“ wurden. Voraussetzung war auch hier wie in allen Fällen das Scheitern eines Vertragsangebots. Die Möglichkeit zum administrativen Entzug bzw. zur Beschränkung des Eigentumsrechts war ausdrücklich auf Ausnahmefälle beschränkt, eine Beschwerde war zulässig (§ 11 der 2. DVO zum Landeskulturgesetz vom gleichen Tage, GBl II Nr. 46 S. 336). Ähnlich beim Denkmalpflegegesetz, § 12 und § 14.

95 Neben den Gesetzen mit Enteignungstatbeständen existieren zahlreiche Regelungen, über die die Rechte des Eigentümers bzw. Rechtsträgers durch Nutzungsbedingungen oder Mitbenutzungsrechte zugunsten eines gemeinnützigen Zwecks lediglich beschränkt werden können.

Das gilt zugunsten der Energieversorgungsbetriebe, des Vermessungs- und Kartenwesens, der Deutschen Post, der Verkehrsbetriebe, der Luftfahrt. Das Verfahren ist im wesentlichen dem Enteignungsverfahren nachgebildet, es führt auch bis zur Entschädigung. Die Tatbestände sind enthalten in

- der EnergieVO vom 30. 10. 1980, GBl I Nr. 33 S. 321 und ihrer 5. DB vom 10. 11. 1980, GBl I Nr. 33 S. 336
- der VO über das Vermessungs- und Kartenwesen vom 21. 8. 1980, GBl I Nr. 27 S. 267
- dem Gesetz über das Post- und Fernmeldewesen vom 29. 11. 1985, GBl I Nr. 31 S. 345
- der StraßenVO vom 22. 8. 1974, GBl I Nr. 57 S. 515 sowie der VO zur Gewährleistung von Ordnung und Sicherheit in der Umgebung von Verkehrsanlagen vom 12. 12. 1978 GBl I 1979 Nr. 2 S. 9 und ihrer 1. DB vom 12. 11. 1981 GBl I Nr. 37 S. 438
- dem Luftfahrtgesetz vom 27. 10. 1983 GBl I Nr. 29 S. 277 und der auf Grundlage seines Vorläufers ergangenen AO über Baubeschränkungsbereiche (Sicherheitszonen) in der Umgebung von Flugplätzen vom 5. 3. 1971, GBl Sdr. Nr. 699.

In gewisser Weise aus dem Rahmen aller Enteignungsregelungen **96** heraus fällt die Inanspruchnahme nach dem Verteidigungsgesetz vom 13. 10. 1978, GBl I Nr. 35 S. 377 und seiner Nachfolgeregelung, der „LeistungsVO" vom 26. 7. 1979, GBl I Nr. 29 S. 265. Schon der Kreis der Antragsteller, hier Bedarfsträger genannt, war außerordentlich weit gespannt. Er erfaßte nach § 17 der LeistungsVO das Ministerium für Nationale Verteidigung, das Ministerium des Innern, das Ministerium für Staatssicherheit sowie die anderen (alle anderen!) zentralen und örtlichen Staatsorgane. Selbst diese Organe konnten mit der Wahrnehmung der ihnen als Bedarfsträger für Grundstücke und Gebäude zustehenden Befugnisse noch nachgeordnete Organe – offenbar waren Dienststellen oder Betriebe der oben genannten Ministerien gemeint – beauftragen. Vor allem aber war der Enteignungszweck extrem vage definiert: Nach § 16 der LeistungsVO konnten „jederzeit" (!) Grundstücke und Gebäude „insbesondere (!) für folgende Zwecke in Anspruch genommen werden:

a) zur Schaffung von militärischen Anlagen aller Art...
b) zur Errichtung von Verteidigungsanlagen;
c) zur Beseitigung von Hindernissen, die Verteidigungsmaßnahmen beeinträchtigen;
d) zur Durchführung von Sicherungsmaßnahmen, insbesondere an der Staatsgrenze...

e) für Maßnahmen im Zusammenhang mit der Erhaltung des Verlaufs der Staatsgrenze;
f) für Maßnahmen zur Verbesserung der Dienst-, Arbeits- und Lebensbedingungen der Angehörigen, Zivilbeschäftigten und Beschäftigten der bewaffneten Organe;
g) für Maßnahmen der Zivilverteidigung;
h) für verteidigungswichtige Maßnahmen der Volkswirtschaft;
i) zur Leistung von Naturalersatz für andere zur Verfügung gestellte Grundstücke."

Auf der Grundlage so ausgestalteter Tatbestände konnte absolut alles in Anspruch genommen werden. Sowohl übersteigerte Sicherheitsbedürfnisse wie auch private Bedürfnisse von Generalen und Offizieren der bewaffneten Organe konnten befriedigt werden, ohne den Rahmen, den die LeistungsVO setzte, zu überschreiten. Hinzu kommt noch, daß das Verfahren der Inanspruchnahme selbst einen fast-militärischen Charakter trug: Die Grundstücke und Gebäude wurden „angefordert" (§ 20), statt ihren Entzug zu beantragen, den Inanspruchnahmebescheid erteilte, wenn ein Kauf fehlschlug, nicht der Rat des Kreises durch Beschluß, sondern der Vorsitzende durch Einzelentscheidung (§ 23), eine Beschwerde fand nicht statt. Man wird davon ausgehen müssen, daß der Eigentumsentzug von Grundstücken und Gebäuden, die auf der Grundlage des Verteidigungsgesetzes in Anspruch genommen werden, grundsätzlich unter rechtsstaatlichen Gesichtspunkten der Überprüfung unterliegt. Dort, wo er nicht direkt der Schaffung von militärischen Anlagen wie Kasernen, Flugplätzen, Hafenanlagen, Lager und Übungsplätzen diente, ist nach Möglichkeit eine Rückübertragung vorzunehmen. Bei Enteignungen nach den anderen Gesetzen und Verordnungen sollte es dagegen bei den getroffenen Entscheidungen verbleiben.

4.3. Die Entschädigung für den Eigentumsentzug

97 Die Ausübung des Enteignungsrechts durch den Staat für gemeinnützige Zwecke zieht einen Entschädigungsanspruch des Betroffenen nach sich. Dieser Grundsatz, im früheren deutschen Recht seit langem enthalten, wurde mit den entsprechenden Gesetzen, z. B. dem preußischen Enteignungsgesetz von 1874, auch in die DDR-Rechtspraxis übernommen. Artikel 23 der DDR-Verfassung von 1949 enthielt allerdings insofern eine schwerwiegende Einschränkung, als Beschränkungen des Eigentums und Enteignungen zum Wohl der Allgemeinheit gegen angemessene Entschädigung erfolgen sollten, „soweit das Gesetz nicht anderes bestimmt". Mit dem Aufbaugesetz wurde, nur ein knappes Jahr später, dann auch eine Inanspruchnahme (eine faktische Enteignung) von Grundstücken und Gebäuden eingeführt, ohne daß eine Entschädigung bestimmt wurde. Die Entschädigung für diese Inanspruchnahmen wurde erst 10 Jahre später mit dem Entschädigungsgesetz von 1960 gesetzlich geregelt (vgl. Rdnr 82). Die Zahlungen erfolgten auch nach Inkrafttreten dieses Gesetzes noch mit einer bestimmten zeitlichen Verzögerung, so daß die Eigentümer, deren Grundstücke nach dem Aufbaugesetz in Anspruch genommen worden waren, im ungünstigsten Falle erst fast 15 Jahre danach in den Genuß der ersten Entschädigungsrate gekommen sind.

Seit den 60er Jahren führt die Enteignung für einen gemeinnützigen Zweck nach DDR-Recht wieder generell zur Konsequenz der Entschädigung des Eigentümers aus dem Staatshaushalt. Dem entspricht die Regelung des Artikels 16 der DDR-Verfassung von 1968/74. Der dafür bis heute entscheidende Normativakt ist das Entschädigungsgesetz vom 15. Juni 1984, GBl I Nr. 17 S. 209. Das Gesetz regelt die Entschädigung der Eigentümer unabhängig vom Rechtsgrund (Zweck) der Enteignung. Es regelt auch die damit verbundene Erfüllung von Ansprüchen der bisherigen Inhaber im Grundbuch eingetragener (dinglicher) Rechte an Grundstücken und Gebäuden und der bisherigen Mieter oder Nutzer, die bauliche Veränderungen oder Anpflanzungen auf dem Grundstück vorgenommen hatten und dafür Ersatz verlangen. Es regelt aber nicht die Entschädigung für die Einräumung von Nutzungsrechten oder die Auferlegung von Nutzungsbedingungen zugunsten sozialistischer Betriebe oder staatlicher Organe. Daß die Grundsätze dieses Gesetzes über die Höhe und die Zahlung der Entschädigung und die Behandlung der Ansprüche der Gläubiger auch beim – den Eigentumsentzug nach Möglichkeit ersetzenden – Verkauf des Grundstücks oder Geländes durch den Eigentümer an den Staat Anwendung finden, wurde bereits erwähnt (alles § 1 des Gesetzes).

Die Entschädigung wird in Geld geleistet (§ 3). Die Entschädi- **98**
gung darf den zulässigen Höchstpreis nicht überschreiten (§ 4 Abs. 2). Für erwartete zukünftige Erträge oder Gewinne aus dem Grundstück wird keine Entschädigung gewährt (§ 2 Abs. 4). Die Auszahlung der Entschädigung erfolgt im Prinzip in jährlichen Raten von 3000,– M, für alles darüber hinausgehende werden Schuldbuchforderungen begründet (§ 12). In Ausnahmefällen, z. B. für Aufwendungen zur Erhaltung und Schaffung von Wohn-

raum, kann der Entschädigungsberechtigte höhere Beträge als 3000,– M jährlich erhalten. Bürger, denen das Eigentumsrecht an persönlich genutzten Grundstücken, Gebäuden, baulichen Anlagen sowie Anpflanzungen entzogen worden ist, erhalten die Entschädigung dagegen in einem Gesamtbetrag. Die örtlichen Räte und die Kreditinstitute waren darüber hinaus verpflichtet, speziell Eigenheimbesitzer und LPG-Mitglieder mit persönlicher Hauswirtschaft bei der Wiederbeschaffung oder -errichtung entsprechender Wohnhäuser – und Stallungen – zu unterstützen (§ 5 des Gesetzes, § 3 der DVO vom gleichen Tage, GBl I Nr. 17, S. 211). Bei der Wiederbeschaffung von Wochenendgrundstücken sollte „im Rahmen der Möglichkeiten des Territoriums" Unterstützung gewährt werden.

Entschädigungsberechtigt ist der Eigentümer des Grundstücks und/oder des Gebäudes. Auch die Eigentümer von „Baulichkeiten" (§ 296 ZGB, vgl. Rdnr 60) gelten in diesem Sinne als Gebäudeeigentümer (§ 1 Abs. 2 des Entschädigungsgesetzes). Entschädigungsberechtigt ist damit auch der Bodeneigentümer, der sein Land in die LPG eingebracht hatte. Während die LPG nach der BodennutzungsVO vom 26. Februar 1981, GBl I Nr. 10 S. 105, einen (Land- oder finanziellen) Ausgleich für die wirtschaftlichen Nachteile erhielt, die durch den Nutzungsentzug eingetreten waren (§ 17 der VO), stand dem LPG-Mitglied unabhängig davon die Geldentschädigung zu. Allerdings sollte darauf hingewirkt werden, daß das Mitglied seine Entschädigungssumme der LPG als „Investitionsbeitrag" zur Verfügung stellte, wofür ihm weiterhin, als wäre der Boden noch eingebracht, Bodenanteile zufließen sollten (§ 22 Abs. 1 und 2 der 1. DVO zur BodennutzungsVO, neugefaßt am 14. März 1985, GBl I Nr. 9 S. 97). Die Entschädigung sollte damit im Verhältnis zwischen Mitglied und LPG an die Stelle des Bodens treten. Zugleich lebten – wie beim Austritt des Mitglieds oder wenn er sein Grundstück verkaufte – die beim Eintritt in die LPG erlassenen Forderungen des Staates gegen den Eigentümer und die im Grundbuch gelöschten Sicherungsrechte wieder auf (vgl. Rdnr 143). Die staatlichen Forderungen galten aber solange als gestundet, solange die Geldentschädigung der LPG als Investitionsbeitrag zur Verfügung stand (§ 22 Abs. 3 der 1. DVO).

Neben den Entschädigungsberechtigten – den Eigentümer – tritt nach der Konstruktion des Entschädigungsgesetzes derjenige, der „Ansprüche gegen die Entschädigung" (§ 6 Abs. 4 des Gesetzes) hat. Ansprüche gegen die Entschädigung haben die Inhaber von Grundpfandrechten, die im Grundbuch des enteigneten

Grundstücks eingetragen waren, für ihre Forderungen und die Mieter und Nutzer hinsichtlich ihrer Ansprüche auf Ersatz von Wertverbesserungen und Anpflanzungen (§ 6 Abs. 1 des Gesetzes, §§ 112 und 314 ZGB). Volkseigene Forderungen, die aus der Entschädigung nicht beglichen werden konnten, konnten erlassen werden (§ 7).

Ein deutlicher Mangel des Gesetzes aus rechtsstaatlicher Sicht **99**
bestand darin, daß über die Höhe der Entschädigung im ganzen Entschädigungsverfahren nicht das Gericht urteilte, sondern ein Verwaltungsorgan. Das Ratmitglied des Rates des Kreises für Finanzen und Preise stellte die Höhe des Anspruchs fest und erteilte den Feststellungsbescheid (§ 8). Dagegen gab es für den Entschädigungsberechtigten das Rechtsmittel der Beschwerde. Nur bei Streitigkeiten über die Person des Entschädigungsberechtigten und zwischen dem Entschädigungsberechtigten und dessen Gläubigern über das Bestehen und die Höhe ihrer Ansprüche gegen die Entschädigung konnte das Gericht angerufen werden. Erst durch ein Gesetz vom 14. Dezember 1988 wurde die gerichtliche Nachprüfung des Feststellungsbescheids eingeführt (GBl I Nr. 28 S. 329) und damit ein zaghafter erster Schritt zur Verwaltungsgerichtsbarkeit gegangen. Judikatur zu dieser Frage ist noch nicht (nicht mehr) bekannt geworden.

Über den eigentlichen Entschädigungsanspruch und die Rechte **100**
der bevorrechtigten Gläubiger gegen die Entschädigung hinaus kennt das Recht der DDR eine Art Härteausgleich für wirtschaftliche Nachteile der Enteignung, die nicht bereits durch die Entschädigungsleistung erfaßt und ausgeglichen werden. Das sind vor allem Ansprüche auf Ausgleich wirtschaftlicher Nachteile, die sich für den Gewerbetreibenden aus der Verlagerung seines Betriebes ergeben, und auf die Erstattung von Umzugskosten für die betroffenen Mieter und Hauseigentümer. Die detaillierteste Regelung dazu, die für alle vergleichbaren Fälle maßgebend wurde, enthält die 2. DVO zum Berggesetz vom 18. Dezember 1969 (GBl II 1970 Nr. 13 S. 65). Für die Landwirtschaftsbetriebe gilt die Sonderregelung für den Ausgleich wirtschaftlicher Nachteile aus der BodennutzungsVO (a.a.O.).

5. Die rechtliche Regelung des Grundstücksverkehrs

5.1. Die Übertragung des Eigentums an Grundstücken

Literatur:
Kommentar zum ZGB, Staatsverlag Berlin 1985; Klinkert/Oehler/Rohde, Grundriß Zivilrecht Heft 2, Staatsverlag, Berlin 1977

101 Die Übertragung des Eigentums an Grundstücken ist systemwidrig im 4. Kapitel des Vierten Teils des ZGB geregelt. Der Vierte Teil des ZGB ist bekanntlich überschrieben: „Nutzung von Grundstücken und Gebäuden zum Wohnen und zur Erholung". Er ist dann gegliedert nach den verschiedenen Rechten, die eine Nutzung von Grundstücken und Gebäuden zum Wohnen und zur Erholung gestatten. Im 4. Kapitel erscheint das persönliche Eigentumsrecht als eins der Rechte, die eine persönliche Nutzung gestatten. Der zweite Abschnitt „Erwerb des Eigentums an Grundstükken" (§§ 297 ff.) sprengt insofern diesen Rahmen, als hier durch den Gesetzgeber nolens volens nicht nur die Übertragung persönlichen Eigentums, sondern die Übertragung allen Eigentums erfaßt werden mußte. Die §§ 297 ff. ZGB regelten trotz ihrer Stellung im Gesetz auch die Übertragung von Volkseigentum an genossenschaftliches Eigentum und umgekehrt, vom Eigentum einer Genossenschaft an eine andere, vom Privateigentum eines Handwerkers an einen anderen usw. Sie abstrahieren von der Eigentumsform und sind daher auch nach der Währungsunion und den Verfassungsgrundsätzen vom 17. 6. 90 (GBl I Nr. 33 S. 299) voll anwendbar.

In der Grundbestimmung des § 297 ZGB ist die Regel enthalten, daß der rechtsgeschäftliche Erwerb eines Grundstücks eines Vertrages zwischen dem Veräußerer und dem Erwerber bedarf, der eine Erklärung beider Partner enthalten muß, wonach das Eigentum auf den Erwerber übergehen soll. Die Erklärung muß – ebenso wie nach § 925 Abs. 2 BGB – unbedingt und unbefristet sein. Ein wichtiger Unterschied zur BGB-Regelung besteht darin, daß nicht zwischen obligatorischen und dinglichem Rechtsgeschäft getrennt wird. Mit dem Vertrag, der in § 297 genannt wird, ist der Kauf-, Schenkungs- oder Überlassungsvertrag gemeint, der die Einigung über den Eigentumsübergang als wesentlichen Bestandteil mit enthält. Eine gegenüber dem Kaufvertrag oder einem anderen schuldrechtlichen Vertrag verselbständigte „Auflassung" wie in § 925 Abs. 1 BGB kennt das ZGB nicht.

Die Beseitigung der sogenannten Abstraktion von der causa wurde von der Zivilistik der DDR schon sehr früh gefordert. Hier ist insbesondere die Schrift von H. Kleine, Die historische Bedingtheit der Abstraktion von der causa, Zentralverlag Berlin 1953, zu nennen. Kleine erklärte die Verselbständigung des abstrakten dinglichen Vertrages im 19. Jahrhundert aus dem Bedürfnis des deutschen Bürgertums, den Eigentumserwerb und den Realkredit zu beschleunigen und von lästiger Überwachung zu befreien. Für die Beseitigung der Abstraktion von der causa wurde vor allem – und mit Recht – angeführt, daß damit die wirklichen Lebensvorgänge richtiger widergespiegelt würden (Grundriß Zivilrecht Heft 2 S. 40). Allerdings wurden auf diese Weise die Wirksamkeitsvoraussetzungen des zugrundeliegenden Vertrages auch wieder zur Wirksamkeitsvoraussetzung des Eigentumsrechtserwerbs, die staatliche Kontrolle des Grundstücksverkehrs also erheblich erleichtert. Darauf verweist der Grundriß, a.a.O. ausdrücklich (vgl. auch Kleine, a.a.O., S. 65).

Der Vertrag, der eine Eigentumsübertragung zum Gegenstand **102**
hat, bedarf nach § 297 Abs. 1 Satz 2 der Beurkundung. Wird dieses Erfordernis nicht eingehalten, ist der Vertrag gemäß § 66 Abs. 2 nichtig. Die Beurkundung erfolgt in Form einer Niederschrift, die in Gegenwart des Notars den Beteiligten vorzulesen oder zur Durchsicht vorzulegen und von ihnen zu genehmigen ist. Sie ist von den Beteiligten und vom Notar zu unterschreiben (vgl. § 19 Notariatsgesetz vom 5. Februar 1976, GBl I Nr. 6 S. 93). Neben den Staatlichen Notariaten (vgl. § 1 Notariatsgesetz) und den Notaren in eigener Praxis (heute nach § 2 der VO vom 20. Juni 1990, GBl I Nr. 37 S. 475) kann nach DDR-Recht auch der Liegenschaftsdienst (vgl. Rdnr 154) Rechtsgeschäfte über die auf dem Territorium bisheriger Bezirke gelegenen Grundstücke beurkunden. Das ergibt sich aus § 6 der Grundstücksdokumentationsordnung vom 6. November 1975, GBl I Nr. 43, S. 697. Das Angebot und die Annahmeerklärung können getrennt beurkundet werden (§ 67 Abs. 1 Satz 1 ZGB).

Ein vereinfachtes Verfahren beim Erwerb von Grundstücksteilen oder Grundstücken regelt die 2. DVO zum ZGB vom 3. Januar 1979, GBl I Nr. 3 S. 25. Sie gilt nur für den Erwerb von Grundstücksteilen oder Grundstücken zugunsten des Volkseigentums (jetzt staatlichen Eigentums), wenn diese zum Bau oder Ausbau von Verkehrswegen und -anlagen, Wasserläufen oder ähnlichen Zwecken benötigt werden. Der gesetzlich zulässige Kaufpreis für jedes einzelne Grundstück darf 500,– DM nicht übersteigen. Liegen beide Voraussetzungen vor, werden die Kaufverträge auf der Grundlage eines Grenzregelungsplanes vorbereitet. Auf die Beurkundung kann verzichtet und mehrere Kaufverträge können in einem Vertragsdokument zusammengefaßt werden. Die Ermächtigung zu diesen Abweichungen von § 297 enthält § 298 ZGB.

103 Bei der Beurkundung des Vertrages über den Grundstückserwerb ist vom Veräußerer die Eintragung des Eigentumsübergangs ins Grundbuch zu beantragen (§ 4 der Grundbuchverfahrensordnung vom 30. Dezember 1975, GBl I 1976 Nr. 3 S. 42). Erst mit der Eintragung ins Grundbuch geht das Eigentum über, d. h. die Eintragung hat konstitutive Wirkung (§ 297 Abs. 2 Satz 1 ZGB). Zum gleichen Zeitpunkt gehen auch die Verpflichtungen aus den im Grundbuch eingetragenen Rechten und anderen zur Nutzung berechtigenden Verträgen auf den Erwerber über, soweit nicht im Ausnahmefall etwas anderes vereinbart ist. Es gilt der im § 124 bekräftigte Grundsatz: „Kauf bricht nicht Miete." Derselbe Grundsatz gilt auch für andere Dauerschuldverhältnisse, die zur Nutzung berechtigen (Nutzungsverträge). Er gilt allerdings nicht, wenn es sich nicht um einen rechtsgeschäftlichen Erwerb des Eigentums, sondern um eine Enteignung gegen Entschädigung handelt. Hier enden die Miet- bzw. Nutzungsverhältnisse mit dem Eigentumsübergang (vgl. Rdnr 89).

104 Beurkundeter Vertrag und Eintragung ins Grundbuch sind also nach ZGB die beiden Säulen, auf denen der rechtsgeschäftliche Eigentumserwerb an Grundstücken ruht. Hinzu trat als 3. Säule die in § 297 nur knapp erwähnte, dafür in der GrundstücksverkehrsVO, zuletzt vom 15. Dezember 1977, GBl I 1978 Nr. 5 S. 73, und ihren Nachfolgebestimmungen ausführlich geregelte staatliche Genehmigung. Die staatliche Genehmigung spielte für den Grundstücksverkehr von der Gründung der DDR an und schon vorher eine zentrale Rolle. Die ersten Regelungen waren im Kontrollratsgesetz Nr. 45 für landwirtschaftlich genutzte Grundstücke und in einem sächsischen und einem thüringischen Gesetz aus den Jahren 1948/49 enthalten. Sie wurden im Laufe der Jahre ausgebaut und verfeinert und erfaßten immer weitere Tatbestände. Man muß sagen, daß die Genehmigungspflicht die zivilrechtlichen Beziehungen nicht nur beherrscht, sondern in vielen Fällen in ihrer praktischen Handhabung zerstört hat.

Genehmigungspflichtig sind nach § 2 der GrundstücksverkehrsVO die Übertragung des Eigentums an einem Grundstück durch Vertrag, der Verzicht auf das Grundstückseigentum, der Erwerb des Eigentums im Wege des gerichtlichen Verkaufs (bzw. heute der Zwangsversteigerung), die Begründung eines Vorkaufsrechts oder eines ins Grundbuch einzutragenden Mitbenutzungsrechts am Grundstück, die Übertragung eines Erbteils oder die Teilung eines Nachlasses durch Entscheidung des Staatlichen Notariats, soweit ein Grundstück zum Nachlaß gehört, schließlich alle Nutzungsverträge an landwirtschaftlich genutzten Grundstücken. Für weitere Rechtsgeschäfte wie die Begründung einer Hypothek, für die ebenfalls eine Genehmigungspflicht bestand, ist sie mit dem 1. Zivilrechtsänderungsgesetzes vom 28. 6. 1990, GBl I Nr. 39 S. 524 entfallen.

Von besonderem Gewicht war selbstverständlich der Genehmigungsvorbehalt für den Grundstückskaufvertrag.

Das für die Genehmigung oder Versagung der Genehmigung **105**
zuständige Staatsorgan ist bei den land- und forstwirtschaftlich genutzten Grundstücken der Rat des Kreises, bei allen anderen der Liegenschaftsdienst, der im Einvernehmen mit dem zuständigen Rat des Kreises handeln soll (§ 7). Von entscheidender Bedeutung war, daß diese Staatsorgane kaum durch Rechtsvorschriften in der Freiheit ihrer Entscheidung über die Genehmigung eingeschränkt waren. Nach § 3 war die Genehmigung, z. B. eines Grundstückskaufvertrages, zu versagen, wenn

a) anderenfalls die ordnungsgemäße Verwaltung oder die gesellschaftliche effektive Nutzung des Grundstücks nicht gewährleistet wäre,
b) spekulative Ziele oder Interessen verfolgt werden,
c) bei Zulassung des Erwerbs eine Konzentration von Eigentums- und Nutzungsrechten an Grundstücken entstehen würde,
d) in anderer Weise staatliche oder gesellschaftliche Interessen verletzt würden.

Vor allem die Punkte b) und d) sind so allgemein gefaßt, daß die Genehmigungsbehörde freie Hand hat, die Genehmigung auch aus völlig sachfremden Erwägungen zu versagen. So haben z. B. die Räte der Kreise die Genehmigung in der Regel versagt, wenn das Wohnhaus auf dem Grundstück bereits vermietet war und für den Käufer keine Aussicht bestand, die Wohnung oder eine der Wohnungen zu beziehen. Sie haben die Genehmigung oft sogar dann versagt, wenn die Wohnung frei war, der Bürgermeister und der Rat der Gemeinde aber beabsichtigte, einer anderen Familie, die selbst nicht kaufen wollte oder konnte, die Wohnung zuzuweisen.

Die staatliche Genehmigung reduzierte radikal das Wahlrecht des Verkäufers bei der Auswahl des Käufers. Sie wurde als Instrument mißbraucht, um örtliche Wohnungspolitik zu betreiben. Kein Wunder, daß der Notar die Vertragspartner in der Regel zunächst zum örtlichen Rat geschickt hat, um die Chancen für die Genehmigung des beurkundeten Vertrages zu erkunden (vgl. Rohde, Bodenrecht, S. 253).

Unter diesen Bedingungen konnte auch das Rechtsmittel der förmlichen Beschwerde (§§ 16–19 der GrundstücksverkehrsVO) nur wenig mehr Sicherheit schaffen. Selbst für die gerichtliche Nachprüfung, die mit Gesetz vom 14. 12. 88 eingeführt wurde und auch die Genehmigungen im Grundstücksverkehr erfaßte (vgl. AnpassungsVO, GBl I Nr. 28 S. 330), gab es kaum einen Ansatzpunkt. Hinzu kommt noch, daß die staatlichen Organe befugt waren, die Genehmigung von Auflagen abhängig zu machen (§ 3 Abs. 3) und sogar unter bestimmten Voraussetzungen zu widerrufen (§ 4).

Die GrundstücksverkehrsVO ist ein besonders penetrantes Beispiel für administrative Leitung der Gesellschaft und ihrer Bürger. Man wird davon ausgehen müssen, daß die Genehmigungspflicht zwar – in dem Rahmen, der durch das 1. Zivilrechtsänderungsgesetz gesetzt ist – noch besteht, die Versagungsgründe aber nicht mehr geltendes Recht sind. Nach den im 1. Staatsvertrag zwischen der Regierung der DDR und der BRD vereinbarten „Leitsätzen" (GBl I Nr. 34 S. 339) darf ein Genehmigungsvorbehalt nur noch aus zwingenden Gründen des Allgemeinwohls geltend gemacht werden. Versagungen, die aus der Person des Erwerbers abgeleitet werden, sind damit unzulässig.

106 Es entspricht der auf die Beseitigung der Abstraktion von der causa gerichteten Konzeption des ZGB, wenn im Abschnitt über den Eigentumserwerb auch der Grundstückskaufvertrag als das (in den meisten Fällen) zugrundeliegende Rechtsgeschäft geregelt wird. Folgerichtig finden sich hier Vorschriften über die Auskunftspflichten des Verkäufers (§ 300), über die Garantie (§§ 301–303), über die Tragung der Kosten des Eigentumswechsels (§ 304) und über den Kaufpreis (§ 305). Die seltener vorkommenden Überlassungs-, Schenkungs- und Tauschverträge über Grundstücke sind dagegen nicht gesondert geregelt. Für alle Grundstücksübereignungsverträge greifen die allgemeinen Vorschriften über Verträge Platz (§§ 43–93).

107 An dieser Stelle soll nur die wichtige Regelung über den Kaufpreis bei Grundstückskaufverträgen erörtert werden. „Der im

Vertrag vereinbarte Kaufpreis muß den gesetzlichen Preisvorschriften entsprechen“, heißt es in § 305 Abs. 1. Das entspricht wörtlich der für alle Verträge geltenden, mit dem 1. Zivilrechtsänderungsgesetz aufgehobenen Vorschrift des § 62 Abs. 1. Aus der Tatsache, daß § 62 Abs. 1 aufgehoben wurde, § 305 Abs. 1 dagegen nicht, läßt sich ableiten, daß speziell für Grundstücke gesetzliche Preise als Höchstpreise vorläufig noch bestehen bleiben. Übereinstimmend damit sieht die Anlage IX zum Staatsvertrag (GBl I Nr. 34 S. 355), die den Erwerb von Grundstücken durch private Investoren zum Gegenstand hat, vor, daß die Vertragspartner den zunächst vereinbarten Grundstückspreis nach Ablauf einer Übergangsfrist an die Entwicklung der Marktpreise anpassen, also eine Art „Gleitklausel“ vereinbaren dürfen. Dabei soll die Kalkulierbarkeit der Belastung für den Erwerber gewährleistet sein. In einer VO der Regierung der DDR über die Förderung des Erwerbs von Grund und Boden durch mittelständische Unternehmen vom 11. Juli 1990 (GBl I Nr. 42 S. 665) wird ähnlich, aber noch konkreter festgelegt, daß die Bewertung der kommunalen Grundstücke, die an diese Unternehmen verkauft werden, vorläufig noch nach den bis 30. 6. 1990 geltenden Grundstückspreisen erfolgen soll. Der Verkäufer kann aber für 1991 eine angemessene Kaufpreisnachforderung bis zur Höhe der Neubewertung verlangen.

Unter dem gesetzlichen Preis sind bei unbebauten Grundstükken die im Jahre 1955 bis zum Inkrafttreten der Preisanordnung Nr. 415 vom 6. 5. 1955, GBl I Nr. 39 S. 330 bestehenden bzw. staatlich festgesetzten Bodenpreise, die in Kaufpreisübersichten enthalten bzw. von den örtlich zuständigen Räten beschlossen worden sind, zu verstehen. Auch bei bebauten Grundstücken ist von den Preisgrundsätzen auszugehen, die bei Inkrafttreten der PreisAO Nr. 415 bestanden (Preisstopp). Eine davon abweichende Regelung ist nur für den Sonderfall des Verkaufs volkseigener Gebäude und Miteigentumsanteile an Privatpersonen geschaffen worden. Seit dem 15. März 1990 gilt hier für die nach diesem Stichtag beurkundeten Verträge, daß für das Gebäude vom Wiederbeschaffungspreis auszugehen ist, d. h. von den für Bürger (nicht für Betriebe) zu diesem Zeitpunkt geltenden Preisen für den Neubau vergleichbarer Gebäude. Die Abschreibungen und die durch unterbliebene Instandhaltungen eingetretenen Wertminderungen sind vom Neupreis abzusetzen. Der Wiederbeschaffungspreis ist auf der Grundlage eines Wertgutachtens zu ermitteln (alles enthalten in § 6 der DVO zum Gesetz über den Verkauf volkseigener Gebäude, GBl I 1990 Nr. 18 S. 158).

Das Ministerium für Wirtschaft der DDR hat unter dem 18. 7. 1990 eine Arbeitsrichtlinie zur vorläufigen Bewertung von Grund und Boden herausgegeben, die bei der Berechnung der Grund- und Vermögenssteuer, der Berechnung von Pacht, Nutzungsgebühr und Zinsen, der Bewertung der Sacheinlagen bei der Bildung von Kapitalgesellschaften, der Bewertung der Kreditwürdigkeit einer Kapitalgesellschaft und der Erarbeitung der Eröffnungsbilanz in DM zugrunde gelegt werden soll. Mit dieser Richtlinie soll aber – das wird ausdrücklich hervorgehoben – keine staatliche Vorgabe von Preisen für Grund und Boden verbunden sein.

Die Justiz der DDR beginnt sich auf den bevorstehenden Übergang von gesetzlich festgelegten Preisen auf Marktpreise für Grund und Boden einzustellen. Das Bezirksgericht Suhl hat mit Beschluß vom 26. 3. 1990 der Beschwerde eines Miteigentümers gegen die Anordnung des gerichtlichen Verkaufs zur Aufhebung der Miteigentumsgemeinschaft stattgegeben (Neue Justiz, Heft 6/1990 S. 266). Es ging dabei davon aus, daß der auf der Grundlage des gegenwärtigen Preisrechts ermittelte höchstzulässige Kaufpreis von 18 500,– Mark für das mit einem Mehrfamilien-Wohnhaus, einem Werkstattgebäude und einem weiteren Nebengebäude bebauten Grundstück mit Sicherheit bald keinen Bestand mehr haben wird. Das Ministerium der Justiz unterstützt, wie aus einer Anmerkung zu diesem Beschluß erkennbar wird, die Entscheidung des Bezirksgerichts. Es empfiehlt, in jedem Stadium des Verfahrens – bis zum Verkaufsbeschluß – den Beteiligten Gelegenheit zu geben, die vorläufige Einstellung gemäß § 131 Abs. 2 Ziff. 2 der ZPO zu beantragen, um erhebliche finanzielle Nachteile zu vermeiden. (S. 266/267)

5.2. Besonderheiten für die Übertragung von Gebäudeeigentum

108 Grundsätzlich geht das ZGB – wie das BGB – davon aus, daß ein Gebäude nur gemeinsam mit dem Grundstück erworben und übertragen werden kann. Das Gebäude ist im Normalfall wesentlicher Bestandteil des Grundstücks, auf dem es errichtet wurde, weil es so mit dem Grundstück verbunden ist, daß es nicht getrennt werden kann, ohne es zu zerstören (§ 467 Abs. 2 ZGB). Wesentliche Bestandteile einer Sache können nicht Gegenstand besonderer Rechte sein (§ 467 Abs. 3 ZGB).

Allerdings erleidet dieser Grundsatz – anders als nach dem BGB

– zahlreiche und verschiedenartige Ausnahmen. Die Trennung von Grundstücks- und Gebäudeeigentum muß ausdrücklich vom Gesetz zugelassen sein, eine bloße vertragliche Vereinbarung genügt nicht (§ 295 Abs. 2). Die erste und wichtigste Ausnahme vom Grundsatz der rechtlichen Einheit von Grundstück und Gebäude betrifft die Fälle, in denen das Gebäude wie ein Grundstück erworben und übertragen wird. Das wird bzw. wurde nur dort zugelassen, wo das Grundstück in Volkseigentum steht und das Gebäude in persönlichem Eigentum stehen soll, wo das Grundstück genossenschaftlich genutzt wird und das Gebäude in persönlichem Eigentum stehen soll oder wo das Grundstück in Volkseigentum steht und das Gebäude einer Genossenschaft, vor allem einer AWG, gehören soll. In allen diesen Fällen wird dem Gebäudeeigentümer ein besonderes Nutzungsrecht am Grundstück verliehen oder zugewiesen, das mit dem Eigentum am Gebäude weiterwandert (§§ 289, 293 ZGB, vgl. Rdnr 48 und 54). Für das Gebäude wird ein eigenes Grundbuchblatt angelegt.

Die zweite Ausnahme vom Grundsatz der rechtlichen Einheit **109**
von Grundstück und Gebäude betrifft (bzw. betraf) die umgekehrte Konstellation, nämlich Privateigentum am Boden und gesellschaftliches Eigentum am Gebäude. In 2 Fällen, nämlich dann, wenn die LPG auf genossenschaftlich genutztem Boden ein Gebäude errichtet (§ 27 LPG-Gesetz) und dann, wenn ein volkseigener Betrieb oder ein Staatsorgan auf vertraglich genutztem privaten Boden mit Zustimmung des Eigentümers ein Gebäude errichtet (§ 459 ZGB), sollte getrenntes Eigentum am Gebäude entstehen. Da hier aber der Sinn der Trennung nur darin besteht, zu sichern, daß der Träger des gesellschaftlichen Eigentums die Aufwendungen, die er als Bauherr erbracht hat, bei Beendigung des Nutzungsverhältnisses zurückerhält, erübrigte es sich hier, die Übertragung des Gebäudes an einen neuen Eigentümer zu regeln. Ganz konsequent wird für Gebäude der LPG auch kein eigenes Grundbuchblatt angelegt, und man fragt sich, warum es in den Fällen des § 459 ZGB doch vorgesehen war (vgl. VO über die Sicherung des Volkseigentums bei Baumaßnahmen von Betrieben auf vertraglich genutzten nichtvolkseigenen Grundstücken vom 7. April 1983, § 8 und Rdnr 133/34).

Beim dritten und letzten Fall handelt es sich um das Eigentum an einer „Baulichkeit“ nach § 296 ZGB. Hier sollen die Bestimmungen über das Eigentum an beweglichen Sachen entsprechend gelten. Das selbständige Verfügungsrecht des Eigentümers ist allerdings stark eingeschränkt – praktisch kann er nur im Einverständnis mit dem Boden-Eigentümer sein Wochenendhaus oder seine Garage, will sagen die „Baulichkeit" veräußern (§ 296 Abs. 2, Rdnr 63).

Alle Anzeichen sprechen dafür, daß die Formen der Trennung von Grundstücks- und Gebäudeeigentum, die im ZGB entwickelt wurden, mit dem ZGB verschwinden werden. Das ergibt sich theoretisch schon daraus, daß sie alle – bis auf die einzige Ausnahme der Baulichkeiten – mit dem gesellschaftlichen Eigentum und seiner Sonderstellung im Recht der DDR verknüpft sind. Fällt diese Sonderstellung – und sie ist schon gefallen – so fallen auch die darauf beruhenden Rechtsfiguren. Möglicherweise wird die einzige Rechtsform eines selbständigen Gebäudeeigentums, die das Privatrecht der BRD kennt, nämlich das Erbbaurecht, in gewissen Grenzen an ihre Stelle treten.

5.3. Das Vorkaufsrecht und das staatliche Vorerwerbsrecht an Grundstücken und Gebäuden

Literatur:
Rohde, Bodenrecht, Staatsverlag Berlin 1989, Ziff. 7.8. und 10.6.; Kommentar zum ZGB, Staatsverlag Berlin 1985.

110 Das ZGB kennt ein durch Vertrag begründetes, im Grundbuch eingetragenes und damit relativ hohe Sicherheit für den Berechtigten bietendes Vorkaufsrecht an einem Grundstück. Dieses dingliche Vorkaufsrecht wird in der Praxis oft vom vertraglichen Nutzer des Grundstücks angestrebt. Es ist in den §§ 306–309 geregelt. Der Vertrag zwischen Eigentümer und Berechtigtem über die Einräumung des Vorkaufsrechts bedarf der Beglaubigung und der staatlichen Genehmigung. Wozu hier auch eine staatliche Genehmigung gefordert wird, ist übrigens nicht ganz einleuchtend, da der Staat ja schon über die Genehmigung des Kaufvertrages ausreichenden Einfluß ausüben kann (vgl. § 307 Abs. 3 Satz 1). Das Vorkaufsrecht ist nicht übertragbar und auch nicht vererblich.

Wie das Vorkaufsrecht ausgeübt wird, darüber gibt § 307 Auskunft. Der Eigentümer ist verpflichtet, dem Vorkaufsberechtigten seine Verkaufsabsichten schriftlich mitzuteilen und ihm die Verkaufsbedingungen, also den Vertragsentwurf bekannt zu geben. Der Vorkaufsberechtigte hat dem Eigentümer daraufhin innerhalb von 2 Monaten schriftlich zu erklären, ob er von seinem Recht Gebrauch machen will. Das Vorkaufsrecht erlischt, wenn der Berechtigte verzichtet oder wenn er sich in der genannten Frist nicht erklärt. Das ZGB kennt also nur ein Vorkaufsrecht für den ersten Verkaufsfall. Auf Verlangen des Eigentümers ist der Vorkaufsberechtigte verpflichtet, die Löschung des Vorkaufsrechts im Grundbuch zu bewilligen.

Wenn die Rechte des Vorkaufsberechtigten mißachtet wurden, d. h. ein anderer als Eigentümer eingetragen wurde, ohne daß der Vorkaufsberechtigte informiert worden war oder ohne daß er seine Erklärungsfrist ausschöpfen konnte, kann der Vorkaufsberechtigte von dem eingetragenen Eigentümer die Übertragung des Eigentums verlangen. Das gleiche gilt, wenn der Verkäufer zu anderen Bedingungen verkauft hat, als es dem Vorkaufsberechtigten mitgeteilt war (§ 309 Abs. 1 und 2). Für das Verlangen auf Übertragung des Eigentums gelten Fristen (§ 309 Abs. 3).

Einen praktischen Anwendungsfall bietet das Ehescheidungsverfahren: Das Gericht kann der Prozeßpartei, die das Alleineigentum am Grundstück **nicht** erhält, im Wege einer gerichtlichen Einigung oder auch durch Urteil ein vertragliches Vorkaufsrecht sichern, wenn entsprechende Anträge gestellt werden (vgl. NJ 1989, S. 213). Diese Möglichkeit ergibt sich nach DDR-Recht aus § 39 Familiengesetzbuch (FGB). Das Oberste Gericht hält die Gerichte für verpflichtet, den Prozeßparteien im Verfahren gegebenenfalls entsprechende Hinweise zu geben (a.a.O. S. 214).

Dem vertraglichen Vorkaufsrecht gehen sowohl die gesetzlichen Vorkaufsrechte des Miteigentümers bzw. des Mitgliedes einer Erbengemeinschaft wie auch das staatliche Vorerwerbsrecht vor. Das staatliche Vorerwerbsrecht geht auch den gesetzlichen Vorkaufsrechten vor. Es kann als ein den Räten der Kreise eingeräumtes gesetzliches Recht definiert werden, durch Beschluß Volkseigentum oder anderes sozialistisches Eigentum an solchen Grundstücken oder Gebäuden zu begründen, an denen das Eigentum durch Rechtsgeschäft oder gerichtlichen Verkauf (Zwangsversteigerung) übertragen werden soll (vgl. §§ 11 ff. der GrundstücksverkehrsVO). Es setzt also nicht voraus, daß ein Kaufvertrag beabsichtigt ist, vielmehr kann auch Schenkung, Tausch oder anderes beabsichtigt gewesen sein. Es bindet den Rat des Kreises auch nicht an die Bedingungen desjenigen Vertrages, der die Möglichkeit zur Ausübung des Vorerwerbsrechts ausgelöst hat. Die Rechtswirkung der Ausübung des Vorerwerbsrechts ist stattdessen die Entstehung von Volkseigentum gegen Entschädigung nach dem Entschädigungsgesetz (§ 13 GrundstücksverkehrsVO, vgl. auch Rdnr 98). Die Voraussetzung zu seiner Ausübung ist, daß ein **111**

Kauf vergeblich versucht wurde. Alles in allem, das staatliche Vorerwerbsrecht sieht der Enteignung nach dem Baulandgesetz zum Verwechseln ähnlich. Es gehört ebenso wie der ausufernde Genehmigungsvorbehalt zu den Rechtsformen, die als Ausdruck von Reglementierung und kleinlicher Administration der Bürger verschwinden werden.

5.4. Andere zivilrechtliche Formen des Eigentumserwerbs an Grundstücken und Gebäuden

Literatur:
Rohde, Bodenrecht, Staatsverlag Berlin 1989, Ziff. 7.9., Kommentar zum ZGB, Staatsverlag Berlin 1985.

112 Eine andere zivilrechtliche Form des Eigentumserwerbs und -verlustes an Grundstücken ist der Verzicht (§ 310 ZGB). Mit dem Verzicht, der gegenüber dem Rat des Kreises, Abteilung Finanzen, zu Protokoll erklärt werden mußte, auch in notariell beglaubigter Form eingereicht werden konnte, gibt der Verzichtende sein Eigentum auf. Die Verzichtserklärung bedurfte der staatlichen Genehmigung. Die staatliche Genehmigung wurde deshalb eingeführt, um der Aufgabe des Eigentums, die insbesondere bei sanierungsbedürftiger Altbausubstanz immer mehr zunahm, entgegenzuwirken. Der Eigentümer sollte, so lange es vertretbar war (Alter, gesundheitliche Verfassung), an seine Pflichten gebunden bleiben. Gegen die Versagung der Genehmigung war Beschwerde möglich (§ 19 GrundstücksverkehrsVO).

Mit der staatlichen Genehmigung der Verzichtserklärung und der Eintragung des Verzichts im Grundbuch entsteht Volkseigentum (§ 310 Abs. 2). Belastungen des Grundstücks erlöschen. Ein Anspruch des Eigentümers auf Bezahlung des Grundstückswerts oder auf Entschädigung für das Grundstück nach dem Entschädigungsgesetz bestand nicht. Der Staat war nur verpflichtet, Forderungen von Gläubigern, deren Rechte am Grundstück erloschen waren, bis zur Höhe des Grundstückswerts zu begleichen. Für die Auszahlung der festgestellten Forderungen bis zum Grundstückswert galten die Regeln der §§ 11 und 12 des Entschädigungsgesetzes. Soweit der Grundstückswert zur Begleichung der Forderungen nicht ausreichte, blieben diese als persönliche Forderungen gegenüber dem bisherigen Grundstückseigentümer bestehen (vgl. AO zur GrundstücksverkehrsVO vom 23. Januar 1978, GBl I

Nr. 5 S. 79, §§ 11–15, und Kommentar zum ZGB, zu § 310 Ziff. 2).

Eine andere, im deutschen Recht bekannte zivilrechtliche Form des Eigentumserwerbs bzw. -verlustes ist das Aufgebotsverfahren. Das Verfahren und seine Voraussetzungen sind durchaus nach dem Vorbild vom § 927 BGB gestaltet. Auffällig ist nur, daß eine Vorschrift echt materiell-rechtlichen Charakters nicht im ZGB, sondern in der „Grundstücksdokumentationsordnung" vom 6. November 1975, GBl Nr. 43 S. 697, also im Seitenstück der Grundbuchordnung der BRD enthalten ist. Nach § 11 dieser Grundstücksdokumentationsordnung kann der unbekannte Eigentümer eines Grundstücks mit seinem Recht im Wege des Aufgebotsverfahrens ausgeschlossen werden, wenn ein anderer das Grundstück mehr als 20 (!) Jahre wie ein Eigentümer genutzt hat und seit der letzten Eintragung in das Grundbuch, zu der eine Erklärung des Eigentümers erforderlich war, 20 Jahre vergangen sind. Notwendige Voraussetzung für das Aufgebotsverfahren ist also nicht nur Fristablauf und Unbekanntheit des Eigentümers, sondern auch Eigenbesitz dessen, der den Ausschluß erwirken will. Da die Nutzer aus sogenannten „Überlassungsverträgen" (vgl. Rdnr 75) wußten, daß sie nicht Eigentümer waren, kommt für sie ein Aufgebotsverfahren nicht in Betracht. Wer den Ausschluß erwirkt hat, erwirbt das Eigentum an dem Grundstück mit der Eintragung in das Grundbuch. **113**

Schließlich ist unter den zivilrechtlichen Formen des Eigentumserwerbs an Grundstücken das Erbrecht zu nennen, das selbstverständlich einer gesonderten Betrachtung bedarf. Eine gute Zusammenfassung der DDR-Rechtsvorschriften und ihrer Handhabung aus jüngster Zeit bietet Sabine Herrmann, Erbrecht und Nachlaßverfahren in der DDR, Rudolf Haufe Verlag, Freiburg i. B. 1989.

6. Die Nachbarrechte

Literatur:
Kommentar zum Zivilgesetzbuch, Staatsverlag, Berlin 1983; G. Janke „Rechtsprechung bei Nachbarrechtstreitigkeiten“ in: Neue Justiz Heft 1 und 2/1983; Klinkert/Oehler/Rohde: Grundriß Zivilrecht Heft 2, Staatsverlag Berlin 1977; Lehrbuch Bodenrecht, Staatsverlag, Berlin 1976.

6.1. Vorbemerkungen

114 Vor Inkrafttreten des Zivilgesetzbuches wurden in der DDR die Beziehungen benachbarter Bodennutzer durch das BGB (§§ 906-924) und in einer Vielzahl von Rechtsvorschriften der Länder, z. B. dem Allgemeinen Landrecht für die preußischen Staaten geregelt.

Mit dem ZGB wurden diese Regelungen wesentlich verknappt und konzentriert. In die Kodifikation des ZGB wurden nur noch die grundlegenden Nachbarrechte neu aufgenommen. Normativ geregelt wurden nur
- die Einzäunung (§ 317 ZGB),
- die Grenzkennzeichnung (§ 318 ZGB),
- der Überhang (§ 319 ZGB),
- der Überbau (§ 320 ZGB),
- das Mitbenutzungsrecht an Grundstücken (§§ 321, 322 ZGB).

Über die im ZGB enthaltenen Regelungen hinaus sind jedoch in verschiedenen Rechtsvorschriften, z. B. der Verordnung über Bevölkerungsbauwerke vom 8. 11. 84 (GBl I Nr. 36 S. 433), der Deutschen Bauordnung (DBO) v. 2. 10. 58, GBl-Sonderdruck 287 bis hin zu Ortssatzungen (Stadt- und Gemeindeordnungen), Festlegungen enthalten, die für die Gestaltung nachbarrechtlicher Beziehungen zu beachten sind (Vgl. auch Kommentar zum ZGB, Berlin 1983 S. 367).

Nachbarrechtliche Beziehungen entstehen bei der Ausübung der Bodennutzung auf aneinandergrenzenden Bodenflächen; sie können aber auch dann bestehen, wenn keine unmittelbare Nachbarschaft der Nutzungsobjekte besteht, z. B. bei der Lagerung von Baumaterial. Nachbarrechtliche Beziehungen entstehen auch bei der Nutzung von Hausgärten im Rahmen von Wohnungsmietverträgen.

115 **Die Gestaltung des Inhalts** der subjektiven Eigentumsrechte

durch die Rechtsordnung der DDR geht von der Prämisse aus, daß Gebrauch des Eigentums und damit auch die Ausübung der subjektiven Eigentumsrechte in Übereinstimmung mit den Interessen der Allgemeinheit zu erfolgen hat. Darin sind auch die Interessen des benachbarten Bodennutzers, die konkreten Bedingungen und Umstände der Nutzung benachbarter Grundstücke integriert.

Die im § 316 ZGB postulierten Anforderungen basieren auf dem als Rechtsprinzip formulierten Verfassungsgrundsatz im Artikel 19 Abs. 3 der Verfassung der DDR von 1974, wonach die Beziehungen der Bürger durch gegenseitige Achtung und Hilfe und durch Moralgrundsätze geprägt sein sollten. Die sich daraus ergebende Pflichtenlage, wie z. B. Nachteile für die Bodennutzung des benachbarten Grundstücks durch eigene Nutzung grundsätzlich zu vermeiden, aber auch unvermeidbare Einwirkungen im bestimmten Umfang zu dulden, ist sowohl vom Bodeneigentümer als auch vom vertraglichen Bodennutzer zu beachten. Nach der Bodenrechtslehre der DDR stellen diese Pflichten keine Belastung oder Beschränkung des subjektiven Eigentums- und Nutzungsrechts dar (Vgl. Lehrbuch Bodenrecht, 1976, S. 430).

Subjekt nachbarrechtlicher Beziehungen können Bürger und Betriebe sein. Für die Anwendung der nachbarrechtlichen Normen des ZGB auf Rechtsbeziehungen zwischen Betrieben untereinander wurden durch das Staatliche Vertragsgericht beim Ministerrat der DDR die Normen des ZGB durch eine grundsätzliche Feststellung für anwendbar erklärt (Verfügungen und Mitteilungen des StVG Nr. 2/83 S. 13), soweit besondere Rechtsvorschriften nichts anderes vorsehen.

Inhalt nachbarrechtlicher Beziehungen sind die Rechte und Pflichten bei der Ausübung der Bodennutzung; sie betreffen sowohl den Grundstückseigentümer als auch den vertraglichen Nutzer.

Der Gerichtsweg als Möglichkeit der Durchsetzung von nachbarrechtlichen Ansprüchen ist zulässig, nach richtiger Rechtsauffassung auch dann, wenn ein nachbarrechtlicher Streitfall (in einer Kleingartenanlage des Verbandes der Kleingärtner, Siedler und Kleintierzüchter durch einen Konfliktausschuß zu schlichten versucht wurde. Interne Verbandsregelungen der Kleingartensparten sind keine Rechtsvorschriften, die ggf. den Gerichtsweg ausschließen könnten. (OG-Urteil v. 25. 6. 85, NJ 1986 S. 37).

6.2. Die grundlegenden nachbarrechtlichen Regelungen

116 Den fünf im ZGB geregelten grundlegenden nachbarrechtlichen Beziehungen vorangestellt ist der § 316 ZGB. Er ist die Grundlage für die geforderte vorrangige eigenverantwortliche Gestaltung aller nachbarrechtlicher, auch der nicht ausdrücklich geregelten vielfältigen Rechtsbeziehungen, die bei der Ausübung der Bodennutzung durch den Nutzungsberechtigten entstehen.

Die Schlichtung nachbarrechtlicher Konflikte oblag in der Mehrzahl den „Gesellschaftlichen Gerichten", den Schiedskommissionen in den Gemeinden, Städten und Stadtbezirken. Grundsätzlich wird davon ausgegangen, daß Grundstückseigentümern und vertraglichen Nutzungsberechtigten die unbeeinträchtigte Nutzung des Grundstücks zusteht (§ 33 Abs. 1 und 3 ZGB). Ob es sich um geringe, allgemein übliche und damit zumutbare Einwirkungen auf Nachbargrundstücke handelt, oder aber um einen wesentlichen Nachteil, eine Belästigung, Beeinträchtigung oder Störung der Grundstücksnutzung, ist nach Lage des Grundstücks, Nutzungsart und konkreter Situation zu beurteilen. Ggf. kann auch ein Anspruch gem. § 328 oder § 330 ZGB vorliegen. Kann z. B. ein vereinbartes Überfahrtrecht nicht ausgeübt werden, weil der Verpflichtete den Weg versperrt hat, kann Schadensersatz gefordert werden. Bei Störungen genügt zur Anspruchsbegründung rechtswidriges Verhalten, Verschulden des Störers wird nicht gefordert (Kommentar ZGB, a.a.O. S. 383).

Zur Einzäunung von Grundstücken

117 Das ZGB verpflichtet den Nutzungsberechtigten nur in bestimmten Fällen zur Einzäunung des Grundstücks; jedoch kann sich die Verpflichtung auch aus anderen Rechtsvorschriften ergeben, z. B. der DBO, Stadt- bzw. Gemeindeordnungen.

Grundsätzlich müssen Einfriedungen städtebaulich-architektonischen und landeskulturellen Vorschriften entsprechen; Form, Material, Art und Höhe der Einfriedungen müssen der Umgebung entsprechen (§§ 334, 337 DBO).

Rücksichtnahme auf nachbarliche Nutzung kann dazu führen, daß bestimmtes Handeln oder Unterlassen gefordert werden darf. Im Urteil vom 16. 1. 76 Neue Justiz Heft 6/1976 S. 181 hat das Oberste Gericht einen Grundstückseigentümer zur Zurücknahme des Zaunes, der unmittelbar an der Grundstücksgrenze errichtet war, verpflichtet, um die rationelle maschinelle landwirtschaftliche Bodenbearbeitung des Nachbargrundstücks zu ermöglichen. Ausgehend von der Gewährleistung einer ordnungsgemäßen Nutzung bejahte das Oberste Gericht die Notwendigkeit der Abwägung der Interessen der Grundstücksnachbarn.

Bei Vorliegen einer Einzäunungsverpflichtung wird regelmäßig auch die Pflicht zur Instandhaltung und Instandsetzung der Einzäunung bejaht (Kommentar zum ZGB, a.a.O., S. 369).

Zur Grenzkennzeichnung

Eigentümer und Nutzungsberechtigte sind gem. § 9 Abs. 2 und 3 **118**
der Verordnung über das Vermessungs- und Kartenwesen v. 21. 8. 80 (GBl I Nr. 27 S. 267) zur Erhaltung der Grenzzeichen verpflichtet.

Das Oberste Gericht stellte im Urteil v. 11. 3. 1977, (NJ 1977, S. 424) fest, daß sich die Vermutung der Richtigkeit der im Grundbuch zum jeweiligen Grundstück enthaltenen Eintragungen auch auf die Grundstücksgrenzen bezieht, wie sie sich aus der Flurkarte ergeben. Diese Vermutung ist widerlegbar. § 318 ZGB begründet für Grundstücksnachbarn, d. h. Eigentümer und Nutzungsberechtigte die Verpflichtung der Mitwirkung bei der Grenzfeststellung oder -wiederherstellung. Diese Pflicht hat zum Inhalt die Auskunftsverpflichtung, Duldung des Zutritts zum Grundstück durch Urkundsvermessungsberechtigte oder auch Mitwirkung in anderer Weise (Janke NJ, a.a.O., S. 18).

Die Kosten der Grenzkennzeichnung sind, soweit nicht anders vereinbart, von dem Grundstücksnachbarn zu tragen, in dessen Interesse sie erfolgte (§ 318 Abs. 2 ZGB).

6.3. Der Überhang

Die Konzeption der nachbarrechtlichen Beziehungen des ZGB **119**
geht – wie schon ausgeführt – vom Grundsatz der gegenseitigen Rücksichtnahme aus. Bei den vielfach sehr kleinen Flächen, die einer gärtnerischen Nutzung, sei es als Klein- oder Mietergarten oder auch als Erholungsgrundstück, zur Verfügung stehen, spielt die rationelle Nutzung eine wichtige Rolle.

Zweige oder Wurzeln, die über die Grundstücksgrenzen hinaus in den Raum oder Boden des Nachbargrundstücks eingedrungen sind, werden als Überhang bezeichnet. Das Gesetz statuiert im § 319 ZGB eine wechselseitige Duldungspflicht, die in der Wesentlichkeit der Beeinträchtigung der Nutzung ihre Grenze findet.

Die Duldungspflicht korrespondiert mit der Verpflichtung zur weitgehenden Vermeidung des Überhangs. Dazu gehört die Einhaltung gärtnerischer Erfahrungswerte bei Anpflanzungen hinsichtlich des Pflanzabstandes zur Grundstücksgrenze. Ob ein Überhang wesentlich und damit zur Anwendung des § 319 Abs. 2 ZGB führt, hängt auch von der Art der Nutzung des betroffenen Grundstücks ab. Unsichtbares Eindringen von Wurzeln in ein Grundstück, das als Liegewiese genutzt wird, ist unerheblich (Kommentar z. ZGB a.a.O. S. 371). Dagegen stellt die Beschädigung einer betonierten Fläche des Nachbargrundstücks durch die eingedrungenen Wurzeln eine wesentliche Beeinträchtigung dar. Wesentliche Beeinträchtigung durch Überhang ist zugleich i. S. des § 328 ZGB rechtswidrig. Dem Betroffenen steht ein Unterlassungsanspruch zu (Urteil BG Dresden, 23. 5. 80, NJ 1981 S. 285). Bei Nichtzustandekommen einer Vereinbarung gem. § 319 Abs. 2 steht dem betroffenen Bodennutzer ein Selbsthilferecht zu. Er darf dann auf seinem Grundstück die wesentliche Beeinträchtigung selbst beseitigen oder mindern.

Verschiedene Auffassungen gibt es zum Aneignungsanspruch von Früchten, die in das Nachbargrundstück gefallen sind. § 33 Abs. 2 Satz 1 ZGB verpflichtet den Nachbarn, dem anderen das Aufsammeln zu gestatten bzw. ihm die Früchte zu übergeben. (Vgl. auch Janke a.a.O. S. 18) Eine andere Auffassung wird im Kommentar zum ZGB (S. 372, a.a.O.) vertreten.

6.4. Der Überbau

120 Die Überbauung einer Grundstücksgrenze mit einem Bauwerk verwirklicht den Tatbestand des § 320 Abs. 1 ZGB. Nach der Rechtsprechung des Obersten Gerichts der DDR ist auch die Errichtung einer Grundstückseinfriedung aus Mauerwerk unter der Voraussetzung als Überbau anzusehen, daß sich dieses Bauwerk auf beiden benachbarten Grundstücken befindet (Urteil OG v. 26. 11. 85, NJ 1986 S. 255).

Überbau tritt relativ häufig ein, da im Interesse einer rationellen Nutzung die Mindestgrenzabstände für Bebauung, die in der Deutschen Bauordnung gefordert werden, oft nicht eingehalten werden und die Staatliche Bauaufsicht einer Grenzbebauung zumeist zustimmt. Damit entsteht die Gefahr eines Überbaus.

Die Grenzbebauung selbst ist allerdings scharf vom Überbau zu unterscheiden. Sollen Bungalows, Lauben, Schuppen, Garagen u. ä. in einem Abstand von weniger als 3,00 m von der Grundstücksgrenze entfernt errichtet werden, wird durch die Staatliche Bauaufsicht eine Stellungnahme des betroffenen Grundstücksnachbarn, die der Bauherr einzuholen hat, gefordert. Wird trotz nachbarlicher Einwände die Grenzbebauung durch die Bauaufsicht genehmigt, gilt sie als zumutbar und muß vom Grundstücksnachbarn geduldet werden (Urteil OG v. 15. 7. 82, NJ 1982 S. 516). Ggf. geltend zu machende Ansprüche aus § 328 ZGB bleiben unberührt.

War aber das Verbot der Grenzbebauung zwischen den Grundstücksnachbarn vorab vereinbart, kann der Betroffene die Beseitigung auch dann fordern, wenn die Staatliche Bauaufsicht die Grenzbebauung gestattet, da im staatlichen Genehmigungsverfahren nicht nachgeprüft wird, ob beantragte Baumaßnahmen vertraglichen Regelungen zwischen Bodennutzern und Vereinbarungen zugunsten Dritter widersprechen (Urteil des OG v. 15. 7. 82, NJ 1982 S. 516).

Zum Überbau: Der Grundstücksnachbar kann, wenn der Über- **121**
bau ohne sein Einverständnis errichtet wurde, die Beseitigung des Überbaus verlangen – auch bei vorliegender Bauzustimmung. Es ist unerheblich, ob die Überbauung schuldhaft erfolgte. Für den betroffenen Grundstücksnachbarn entsteht der Beseitigungsanspruch gem. § 320 Abs. 1 mit Beginn der Baumaßnahmen. Ist das Bauwerk errichtet, kann dieser Anspruch ebenfalls durchgesetzt werden, soweit dies nicht „gesellschaftlichen Interessen" widerspricht. Der Abriß soll nach bisher bestehender Rechtsauffassung dann nicht gefordert werden können, wenn die Beseitigungskosten sehr hoch, der erlangbare Vorteil bei der Grundstücksnutzung im Verhältnis dazu aber nur gering ist. (Kommentar ZGB a.a.O., S. 373)

Bei Überbauung, für die ein Beseitigungsanspruch nicht gegeben ist, ist dem betroffenen Grundstücksnachbarn eine angemessene Entschädigung zu gewähren (§ 320 Abs. 2 ZGB). Maßgeblich für die Höhe der Entschädigung ist der Umfang der Nutzungsbeeinträchtigung.

Ein Überbau, der bei zeitlich versetzter Errichtung von Doppel- oder Reihenhäusern mit **gemeinsamen** Seiten- oder Mittelwänden auf der Grundstücksgrenze entsteht, wird bei Anbau des später errichteten Bauwerks auch dessen wesentlicher Bestandteil (§ 476 Abs. 2, § 295 Abs. 1 ZGB). Hieraus erwachsende Ansprüche gem. § 356 ZGB sind gegenüber dem bevorteilten Grundstücksnachbarn geltend zu machen (OG Urteil v. 26. 3. 85, NJ 1986, S. 254).

6.5. Vertragliche Mitbenutzung von Grundstücken

122 Die vertragliche Mitbenutzung von Grundstücken i. S. von §§ 321 und 322 ZGB soll dem Nachbarn die der Nutzungsart seines Grundstücks entsprechende ordnungsgemäße Nutzung ermöglichen oder in anderer Weise den Nutzungsinteressen des benachbarten Bodennutzers entsprechen. Sie kann im Einzelfall auch Nachbarrechtsbeziehungen zwischen Bodennutzern erfassen, deren Grundstücke nicht unmittelbar aneinandergrenzen. Subjekt der Rechtsbeziehungen können sowohl Eigentümer, vertragliche Bodennutzer als auch Mieter sein (Kommentar z. ZGB, a.a.O. S. 374). Vor Inkrafttreten des ZGB wurden Mitbenutzungsrechte an benachbarten Grundstücken vorwiegend durch die Bestellung von Grunddienstbarkeiten geregelt. Sie bestehen vielfach auch heute noch (vgl. Rdnr 137).

Inhalt des nachbarrechtlichen Mitbenutzungsrechtes kann sein:
- die Duldung vom Nachbargrundstück ausgehender Einwirkungen, die durch die Nutzung hervorgerufen werden, (z. B. Geräusche, Gerüche)
- die Berechtigung zur Vornahme bestimmter Handlungen, z. B. Gehen oder Fahren auf dem benachbarten Grundstück oder
- die Festlegung, bestimmte Handlungen auf dem Grundstück im Interesse der Nutzung des benachbarten Grundstücks zu unterlassen.

Im Urteil des Bezirksgerichts Suhl v. 9. 6. 76, NJ 1976 S. 753 wird z. B. untersagt, das Dach einer Garage als Terrasse zu nutzen, da das Schlafzimmerfenster des benachbarten Einfamilienhauses im Sichtbereich der Terrasse liegen würde.

123 **Der Vertrag** über die Mitbenutzung wird grundsätzlich zwischen den berechtigten Nutzern geschlossen. Soweit der Grundstückseigentümer nicht selbst unmittelbarer Nutzer ist, bedarf es seiner Zustimmung nur bei **dauernder** Mitbenutzung oder dann, wenn sein Eigentumsrecht beeinträchtigt wird. Für Verträge über dauernde Mitbenutzung ist die Schriftform vorgeschrieben (§ 321 Abs. 1 Satz 2). Das wird in der Praxis nicht immer beachtet, vgl. den vom Obersten Gericht entschiedenen Fall, abgedruckt in der NJ 1989 S. 216.

Eine angemessene Entschädigung kann bei wesentlicher Beeinträchtigung gefordert werden. Ob eine Beeinträchtigung wesentlich ist, kann nur unter Beachtung der konkreten Umstände entschieden werden. Die Beeinträchtigung muß materielle Rechte betreffen (Kommentar ZGB a.a.O. S. 374). Die Entschädigung trägt

Ausgleichcharakter (Janke) und sollte aufgrunddessen jährlich in gleichbleibender Höhe vom Verpflichteten gezahlt werden.

Gegen den Willen eines benachbarten Bodennutzers oder Grundstückseigentümers kann die Mitbenutzung auf dem Gerichtsweg nur dann durchgesetzt werden, wenn die Anforderungen des § 321 Abs. 2 ZGB erfüllt sind, jedoch kann nur der Nachbar verpflichtet werden, dessen Rechte durch die Mitbenutzung am wenigsten beeinträchtigt werden (OG-Urteil v. 14. 7. 81, NJ 1918 S. 570; OG-Urteil v. 29. 1. 85, NJ 1985 S. 295). Bei Durchführung von Baumaßnahmen kann verweigerte Mitbenutzung des Nachbargrundstücks durch das Verwaltungsorgan (Bauaufsicht) im notwendigen Umfang angeordnet werden (§ 352 Abs. 2 DBO).

Grundsätzlich sind Mitbenutzungsrechte grundbuchlich nicht eintragungsfähig; ausgenommen sind Wege- und Überfahrtrechte nach ausdrücklicher schriftlicher Vereinbarung der Eintragung.

Der Übergang nicht im Grundbuch eingetragener vertraglich vereinbarter Mitbenutzungsrechte auf den Rechtsnachfolger des Berechtigten ist möglich, wenn dies mit dem Eigentümer des belasteten Grundstücks vereinbart wurde oder er einer solchen Vereinbarung der unmittelbaren Nutzungsberechtigten zustimmt.

Vereinbarte – auch im Grundbuch eingetragene – Mitbenutzungsrechte sind unbefristet. Sie erlöschen kraft Gesetzes, wenn die Voraussetzungen ihrer Begründung weggefallen sind oder nach vierjähriger Nichtausübung.

Andere Dispositionen im Vertrag sind möglich (§ 322 Abs. 2 ZGB). Kündigung (gem. § 81 Abs. 2 ZGB) gewährter Mitbenutzung ist nur möglich, wenn sie vertraglich vereinbart wurde.

7. Die Hypothek und andere Sicherungsrechte an Grundstücken

7.1. Die Hypothek und die Aufbauhypothek nach dem ZGB

Literatur:
Rohde, Bodenrecht, Staatsverlag Berlin, 1989, Kap. 11; Kommentar zum ZGB, Staatsverlag Berlin, 1985, zu §§ 452 ff.;
Wallis, Zur Erfüllung einer Hypothekenforderung, NJ Heft 2, 1977, S. 56

124 Das ZGB kennt als einziges Grundpfandrecht die Hypothek (§§ 452 ff.), und zwar – in der BGB-Terminologie gesprochen – in der spezifischen Spielart der Sicherungshypothek. Die Hypothek ist eine Grundstückbelastung, aufgrund derer an den Hypothekengläubiger der zur Befriedigung seiner Geldforderung notwendige Betrag „aus dem Grundstück" zu zahlen ist. Das bedeutet, daß der Eigentümer des belasteten Grundstücks die Vollstreckung in das Grundstück dulden muß, sofern er nicht die bestehende und hypothekarisch gesicherte Schuld tilgt. Gegenstand der Belastung ist ein Grundstück oder ein rechtlich selbständiges Gebäude, für das ein eigenes Gebäudegrundbuchblatt eingerichtet wurde (vgl. Rdnr 108). Die Hypothek ist streng an das Bestehen einer Forderung gebunden. Gläubiger der Forderung und Inhaber der Hypothek müssen stets dieselbe Person sein, die Hypothek besteht nur in der jeweiligen Höhe der Forderung. Gerade letzteres gibt Anlaß dazu, die ZGB-Hypothek in ihrer konkreten Ausgestaltung als eine Art Sicherungshypothek im Sinne des BGB (§ 1184) zu bezeichnen.

125 Die Bestellung von ZGB-Hypotheken spielte in der DDR in den Jahren nach Einführung des ZGB nur eine sehr beschränkte Rolle. Für die Wirtschaft war sie ohne jede Bedeutung. Ihr Hauptanwendungsgebiet war die Sicherung von Krediten der Sparkassen oder der Bank für Landwirtschaft und Nahrungsgüterwirtschaft an die Bevölkerung für den Bau, die Modernisierung, die Erhaltung oder den Erwerb von Eigenheimen oder anderen privaten Wohngebäuden.

So waren z. B. die staatlichen Kredite für die Errichtung oder Modernisierung oder den Kauf von Eigenheimen, die zu sehr günstigen Konditionen vergeben wurden (vgl. zuletzt die Durchführungsbestimmung zur Eigenheimverordnung vom 18. August

1987, GBl Teil I Nr. 21, S. 215), grundsätzlich durch Hypotheken bzw. Aufbauhypotheken zu sichern (ebenda, § 10, § 15, § 16). Die Finanzierung von Baumaßnahmen zur Erhaltung von Wohnraum in privaten Miethäusern war ebenfalls durch Hypothek zu sichern (Verordnung über die Finanzierung von Baumaßnahmen zur Schaffung und Erhaltung von privaten Wohnraum vom 28. April 1960, GBl Teil I Nr. 34, S. 351 in der Fassung der 2. Verordnung vom 14. Juni 1967, GBl Teil II Nr. 63, S. 419).

Die Landwirtschaftlichen Produktionsgenossenschaften konnten, wenn sie an vertraglich genutzten Grundstücken, Gebäuden und Anlagen durch bedeutende Erweiterungs- und Erhaltungsmaßnahmen Werterhöhungen herbeigeführt hatten, an dem betreffenden Grundstück in Höhe des sich aus der Werterhöhung ergebenden Ausgleichsanspruches die Bestellung einer Hypothek verlangen (§ 44 Abs. 3 LPG-Gesetz vom 2. Juli 1982, GBl Teil I Nr. 25, S. 443).

Gegenüber der Kreditsicherung für die staatlichen Kreditinstitute bei Baumaßnahmen trat die hypothekarische Sicherung der Forderungen privater Gläubiger stark zurück.

Sie kam in Betracht vor allem in Zusammenhang mit Restkaufgeldern aus Kaufverträgen, aus Erbteilungen (§§ 423 Abs. 3, 426 Abs. 3 ZGB) und aus der Aufhebung von Eigentumsgemeinschaften der Ehegatten nach § 39 ZGB (vgl. Rohde, Bodenrecht, S. 275). Sie wurde auch – rechtsstaatlich bedenklich! – den Nutzern von privaten Grundstücken, die staatlich verwaltet wurden, durch die staatlichen Verwalter eingeräumt, wenn die Nutzer Werterhöhungen an den ihnen überlassenen Grundstücken vorgenommen hatten (vgl. Randnummer 75). Mit der Größenordnung, mit der der grundpfandrechtlich gesicherte Kredit in der BRD zur Anwendung kommt, ist das alles überhaupt nicht zu vergleichen.

Charakteristisch für die rechtliche Regelung der ZGB-Hypo- **126**
thek war die starke Einschränkung ihrer Verkehrsfähigkeit. Die Bestellung und Abtretung von Hypotheken privater Gläubiger war generell genehmigungspflichtig.

An einem Grundstück, daß in persönlichem Eigentum steht, also an einem mit einem Eigenheim bebauten oder sonst vom Eigentümer persönlich genutzten Grundstück, durften private Hypotheken nur zur Sicherung einer Forderung bestellt werden, die „im wirtschaftlichen Zusammenhang mit dem Grundstück steht und sich gegen den Grundstückseigentümer richtet“ (§ 452 Abs. 3). Dieser Grundsatz bezog sich allerdings nur auf den Zeitpunkt, zu dem die Hypothek begründet wurde. Später konnten

Schuldner und Grundstückseigentümer unter Umständen auseinanderfallen (vgl. Kommentar zum ZGB, a.a.O. zu § 452 Ziff. 3.3.).

Mit dem 1. Zivilrechtsänderungsgesetz vom 28. Juni 1990 wurden die Genehmigungspflicht sowie die Regelung des § 452 Abs. 3 ersatzlos aufgehoben.

127 Die Bestellung der Hypothek ist in § 453 geregelt. Danach wird die Hypothek durch schriftlichen Vertrag zwischen Grundstückseigentümer und Gläubiger vereinbart.

Der Vertrag bedurfte der Beglaubigung und der staatlichen Genehmigung, soweit es sich nicht um eine Hypothek zugunsten eines Kreditinstitutes handelte (§ 453, Abs. 1 Satz 2 alte Fassung). Die Beglaubigung wird auch jetzt noch gefordert. Wo es sich um eine Hypothek zugunsten eines Kreditinstitutes handelt, soll allerdings statt der Beglaubigung des Vertrages die Beglaubigung oder Beurkundung der Erklärung des Grundstückseigentümers genügen (§ 453 Abs. 1 Satz 2 neue Fassung). Zur wirksamen Entstehung der Hypothek ist – selbstverständlich – neben dem schriftlichen Vertrag die Eintragung im Grundbuch erforderlich (§ 453 Abs. 1 letzter Satz).

In bestimmten Fällen konnte der Vertrag über die Bestellung durch einen Verwaltungsakt ersetzt werden. Nach § 457 ZGB „veranlaßte" das zuständige staatliche Organ die Belastung des Grundstücks mit einer Hypothek (Aufbauhypothek, siehe Randnummer 128), wenn ein Hauseigentümer sich weigerte, für eine gemäß § 15 Baulandgesetz oder nach anderen Vorschriften angeordnete Baumaßnahme einen Kredit aufzunehmen (vgl. Randnummer 72). Die Eintragung der Hypothek in das Grundbuch erfolgte auf Ersuchen des staatlichen Organs, d. h. des örtlich zuständigen Rates des Kreises bzw. der Stadt (§ 5 GB VerfO). Ein ähnliches Recht stand dem Rat des Kreises zu, wenn die LPG nach Durchführung ihrer Erweiterungs- bzw. Erhaltungsmaßnahmen an von ihr vertraglich genutzten Wirtschaftsgebäuden sich mit dem Eigentümer nicht über die Bestellung einer Hypothek einigen konnte. Beide hier genannten Formen der Begründung einer Hypothek durch „Veranlassung" haben – obwohl § 457 ZGB formell noch gilt – jede Bedeutung verloren. Neuentstanden ist dagegen die Begründung einer Hypothek auf Anordnung des Sekretärs des Kreisgerichtes als eine Form der Vollstreckung von Zahlungsansprüchen (Zwangshypothek). Diese kann seit dem 1. Juli 1990 gemäß § 5 der Grundstücksvollstreckungsverordnung vom 6. Juli 1990, GBl Teil I Nr. 32, S. 288, auf Antrag des Gläubigers erlangt werden.

Der „Rang" einer Hypothek, d. h. die Reihenfolge ihrer Berücksichtigung bei einer etwaigen Zwangsversteigerung, richtet sich nach dem Zeitpunkt ihres Entstehens (§ 453 Abs. 2). Eine Ausnahme von diesem Grundsatz galt für die Aufbauhypotheken. Aufbauhypotheken sind Hypotheken, die den Kreditinstituten zur Sicherung von Krediten für Baumaßnahmen eingeräumt werden (§ 456 Abs. 1). Für sie gilt, daß sie Vorrang vor anderen Hypotheken haben, mehrere Aufbauhypotheken haben gleichen Rang. 128

Mit dem Vorrang einer Aufbauhypothek sollte der Tatsache Rechnung getragen werden, daß durch die mit dem zugrundeliegenden Kredit finanzierten Baumaßnahmen der Wert des Grundstückes erhöht wird. War durch die Belastung mit einer Aufbauhypothek eine Zinszahlung und Tilgung hinsichtlich anderer, bereits bestehender Hypotheken nicht möglich, sollten diese gestundet sein (§ 458). Wenn die Aufbauhypothek infolge der Rückzahlung des Kredites erloschen war, rückten die anderen Gläubiger wieder an ihre vorherige Rangstelle auf (Kommentar zum ZGB zu § 456. Ziff. 3).

Heute ist mit dem 1. Zivilrechtsänderungsgesetz vom 28. Juni 1990 der Vorrang der Aufbauhypothek und damit ihr eigentliches Spezifikum für neuzubegründende Aufbauhypotheken entfallen. Die „Aufbauhypotheken" werden normale Hypotheken. Nur die bis zum 30. Juni 1990 eingetragenen Aufbauhypotheken behalten ihren Vorrang und die Stundungswirkung.

Für die ZGB-Hypothek gilt, wie bereits hervorgehoben, daß sie 129
mit der gesicherten Forderung untrennbar verbunden ist. Sie besteht, wie § 454 Abs. 1 ausdrücklich feststellt, nur in der jeweiligen Höhe der Forderung – einschließlich Zinsen und Nebenforderungen. Erlischt die Forderung, erlischt auch die Hypothek.

Die strenge Akzessorietät der ZGB-Hypothek kommt darin zum Ausdruck, daß der Gläubiger der Forderung sich nicht allein auf die Eintragung im Grundbuch berufen kann, sondern selbst den Nachweis über das Bestehen der der Hypothek zugrundeliegenden Forderung führen muß. Der Grundstückseigentümer kann sich entlasten, indem er nachweist, daß die Forderung befriedigt wurde oder nicht entstanden ist (vgl. Kommentar zum ZGB zu § 454, Ziff. 1.1.).

Bei Abtretung der Forderung an einen neuen Gläubiger geht auch die Hypothek nur in dem Umfang über, indem dic Forderung noch besteht. Einen gutgläubigen Erwerb der Forderung für die Zwecke der Hypothek wie nach § 1138 in Verbindung mit § 891 BGB kennt das ZGB nicht.

Die Abtretung der Forderung, die den Übergang der Hypothek einschließt, erfolgt durch schriftlichen, beglaubigten Vertrag (§ 13 GB VerfO). Sie wird wirksam – wie bei der Bestellung – mit der Eintragung des neuen Gläubigers im Grundbuch (§ 454 Abs. 3). Der ZGB-Gesetzgeber hat entsprechend seinem Bestreben, die Verkehrsfähigkeit der Hypothek einzuschränken, nur die Buchhypothek geregelt und auf das Briefrecht verzichtet.

130 Zu den Rechtswirkungen der Hypothek:

Erfüllt der Grundstückseigentümer die Forderung nicht, ist der Hypothekengläubiger berechtigt, wegen der Forderung sowie der Kosten der Rechtsverfolgung die Vollstreckung in das Grundstück und in die Gegenstände zu betreiben, auf die sich die Hypothek erstreckt (§ 455 Abs. 1). Die Hypothek erstreckt sich auch auf das Grundstückszubehör, soweit es Eigentum des Grundstückseigentümers ist, d. h. auf solche Sachen, die, ohne Bestandteile zu sein, zum bestimmungsgemäßen Gebrauch einer anderen Sache erforderlich sind (§§ 452 Abs. 2, 468). Die Hypothek erstreckt sich ferner auf die Mieteinnahmen, die Nutzungsentgelte sowie auf Forderungen aus Versicherungen des Grundstücks.

Für die Vollstreckung in das Grundstück ist in jedem Fall eine notariell beurkundete, vollstreckbare Erklärung des Schuldners gemäß § 21 des Notariatsgesetzes oder ein gerichtlicher Schuldtitel erforderlich. Das Vollstreckungsverfahren war in der Grundstücksvollstreckungsverordnung vom 18. Dezember 1975, GBl Teil I Nr. 1. S. 1, geregelt, die gleichzeitig mit dem ZGB und ZPO in Kraft getreten war.

Die Vollstreckung wurde als „gerichtlicher Verkauf" bezeichnet und war von der Tatsache des Preisstopps geprägt. Da vielfach bei interessanten Objekten mehrere Kaufinteressenten Angebote zum höchstzulässigen Kaufpreis abgaben, mußte der Sekretär des Kreisgerichtes nach bestimmten Kriterien (§ 15 Abs. 2 der VO) den Erwerber auswählen. Unter mehreren gleichberechtigten Kaufinteressenten war derjenige als Erwerber festzustellen, der „die besten Voraussetzungen für eine ordnungsgemäße und zweckentsprechende Nutzung des Grundstücks" bot (§ 15 Abs. 3 der VO).

Regelungen dieser Art, die die Hypothek entwerteten, konnten unter den Bedingungen der Marktwirtschaft keinen Bestand haben. Die alte Grundstücksvollstreckungsverordnung wurde deshalb am 6. Juni 1990 durch eine neue Verordnung abgelöst. Sie ersetzt den Begriff des gerichtlichen Verkaufs wieder durch den der Zwangsversteigerung und nimmt die Prinzipien des Gesetzes über die Zwangsversteigerung und die Zwangsverwaltung modernisiert wieder auf (GBl Teil I Nr. 32, S. 288).

Wie bereits erwähnt, erlischt die Hypothek, wenn die Forderung erlischt. Sie erlischt ferner, wenn der Hypothekengläubiger auf die weitere hypothekarische Sicherung der Forderung in einer beglaubigten Erklärung verzichtet und der Grundstückseigentümer die Löschung beantragt (§ 311 ZGB, § 15 Abs. 1 GBVerfO). Die Hypothek erlischt auch, wenn in das Grundstück vollstreckt und die Hypothek im Zuschlagsbeschluß nicht als stehenbleibend ausgewiesen wird. Das betrifft im Rang nachstehende Hypotheken. Endlich erlischt die Hypothek, wenn ein unbekannter Hypothekengläubiger mit seinem Recht im Wege des Aufgebotsverfahrens ausgeschlossen wird (§ 12 Abs. 2 GDO). Ein weiterer Erlöschungsgrund, der Übergang in Volkseigentum aufgrund staatlicher Entscheidung, ist weggefallen. **131**

Mit dem 1. Zivilrechtsänderungsgesetz sind eine Reihe Veränderungen gerade am Abschnitt des ZGB über die Hypothek vorgenommen worden, die die Flexibilität der Regelung erhöhen und den Anwendungsbereich erweitern. **132**

Über das Gesagte hinaus ist die Neueinführung oder besser Übernahme der Höchstbetragshypothek (§ 454 a) zu erwähnen. Die Regelung ist der des § 1190 BGB exakt nachgebildet (wobei man sich über die Übernahme gerade dieser Regelung wundern muß, da die Höchstbetragshypothek in der Finanzierungspraxis der Bundesrepublik offenbar keine Bedeutung erlangt hat). Ferner ist daran gedacht, in einem 2. Zivilrechtsänderungsgesetz klarzustellen, daß Hypotheken auch zur Sicherung künftiger Forderungen bestellt werden können (Ergänzung des § 452 Abs. 1).

Mit den bisher vorgenommenen und auch zu erwartenden Veränderungen ist aber zweifellos das in den Leitsätzen des 1. Staatsvertrages zwischen den Regierungen der DDR und der BRD vereinbarte Ziel noch nicht erreicht. Das Ziel wurde dahin formuliert, zum Zwecke der Besicherung von Krediten in der DDR gleichwertige Rechte, insbesondere Grundpfandrechte, wie in der BRD zu schaffen. Es ist damit auch auf diesem Gebiet mit einer viel radikaleren Rechtsangleichung in den Ländern der jetzigen DDR zu rechnen.

7.2. Die gesetzliche Begründung von Gebäudeeigentum und Miteigentumsanteilen nach § 459 ZGB

Literatur:
E. Köhler/H. P. Berger/H. Tarnick, Sicherung des Volkseigentums bei Baumaßnahmen von Betrieben auf vertraglich genutzten nichtvolkseigenen Grundstücken, Neue Justiz 1983, Heft 8, S. 328;
G. Rohde, Bodenrecht, Berlin 1989, S. 239/40

133 Führen volkseigene Betriebe, staatliche Organe oder Einrichtungen auf vertraglich genutzten nichtvolkseigenen Grundstücken – in der Regel privaten Grundstücken – Baumaßnahmen durch, fällt das von ihnen errichtete Gebäude in Volkseigentum. Wird nicht ein Gebäude neu errichtet, sondern nur ein bestehendes nichtvolkseigenes Gebäude erheblich verbessert, entsteht entsprechend ein volkseigener Miteigentumsanteil. Der Eigentumsübergang vollzieht sich kraft Gesetzes (§ 459 ZGB, näher ausgestaltet in der Verordnung über die Sicherung des Volkseigentums bei Baumaßnahmen von Betrieben auf vertraglich genutzten nichtsvolkseigenen Grundstücken vom 7. 4. 1983, Gbl I Nr. 12 S. 129 und der DB vom gleichen Tage, a.a.O., S. 130).

Die Regelung des § 459 ZGB ist nach ihrer Überschrift (Sicherung des sozialistischen Eigentums bei Baumaßnahmen auf vertraglich genutzten Grundstücken) und nach ihrem Platz im Gesetz – enthalten im 3. Kapitel des 7. Teils des ZGB, das mit „Sicherung von Forderungen" überschrieben ist, eindeutig als Sicherungsrecht gedacht. Es sollte gesichert werden, daß Wertverbesserungen der privaten Grundstücke, die durch Einsatz von Volkseigentum entstanden waren, dem Volkseigentum nicht verloren gingen. Die Sicherung erfolgte auf die denkbar radikalste Weise, nämlich durch die Einräumung eines Eigentumstitels am Gebäude, und zwar am ganzen Gebäude oder prozentual entsprechend der Werterhöhung.

Es kann kein Zweifel sein, daß allein darin eine deutliche rechtliche Privilegierung des Volkseigentums liegt: Während der private Mieter bei baulichen Maßnahmen an der Mietsache mit dem Vermieter vereinbaren muß, ob und in welcher Höhe seine Kosten erstattet werden und er bei fehlender Vereinbarung Anspruch auf angemessene Entschädigung nur hat, soweit dieser „wirtschaftliche Vorteile" erlangt hat (§ 112 Abs. 3 ZGB), sichert diese Konstruktion dem Rechtsträger von Volkseigentum in jedem Fall vollen Wertersatz. Der Gesetzgeber erkannte die mangelnde innere Bindung zum Volkseigentum und damit seinen mangelhaften

Schutz im Alltag und suchte das durch juristische Privilegierung zu kompensieren. Der Wunsch nach schrittweiser Überwindung des privaten Grundeigentums hat überdies mitgespielt. § 459 ZGB wird also keinen Bestand haben. Nichtsdestoweniger hat er die Bodenrechtsordnung der DDR stark mitgeprägt und bedarf deshalb der exakten Erläuterung.

Zunächst zum selbständigen Gebäudeeigentum: Das Rechtsinstitut ist im Recht der DDR sehr verbreitet. Ein Spezifikum des selbständigen Gebäudeeigentums nach § 459 ZGB besteht darin, daß es nicht auf einem im Grundbuch eingetragenen, also quasi – dinglichen Nutzungsrecht beruht, sondern ein vertragliches Nutzungsrecht genügt. Allerdings muß der Nutzungsvertrag die Baumaßnahmen gestatten (vgl. § 459 Abs. 2, deutlicher § 4 der Verordnung über die Sicherung des Volkseigentums a.a.O., ebenso Köhler/Bergner/Tarnick, a.a.O.). Ebenso wie das auf einem quasi – dinglichen Nutzungsrecht beruhende Gebäudeeigentum, aber anders als das auf dem genossenschaftlichen Nutzungsrecht beruhende LPG-Eigentum am Wirtschaftsgebäude ist das Gebäudeeigentum nach § 459 ZGB ins Grundbuch eingetragen. Es wird ein besonderes Gebäudegrundbuchblatt angelegt (§ 8 der Verordnung). Die Anlegung des Grundbuchblattes wird durch den Rat des Kreises auf Antrag des Betriebes, der Rechtsträger ist, veranlaßt. Eine Mitwirkung des Eigentümers ist nicht erforderlich (§ 10 Abs. 1 der Verordnung). Nach dem Arbeitshinweis Nr. 1/84 des Ministeriums des Innern zur Durchführung der auf diesem Gebiet erlassenen Rechtsvorschriften war der Grundstückseigentümer von der Anlegung und dem Inhalt des Gebäudegrundbuchblattes nicht einmal zu benachrichtigen. **134**

Als selbständige Gebäude im Sinne des § 459 gelten auch bautechnisch abgrenzbare und mit dem Boden fest verbundene Anbauten an Gebäude (§ 1 Abs. 2 der DB zur Verordnung). Wie an Gebäuden, entsteht auch an „baulichen Anlagen“ auf nichtvolkseigenen vertraglich genutzten Grundstücken Volkseigentum. Bauliche Anlagen sind nach der Legaldefinition des § 1 Abs. 3 der DB zur Verordnung unbewegliche, mit dem Grund und Boden fest verbundene Grundmittel, deren normative Nutzungsdauer 5 Jahre überschreitet und deren Bruttowert mindestens 15 000 Mark beträgt. Ein Unterschied in der Regelung gegenüber den Gebäuden besteht darin, daß statt ein Gebäudegrundbuchblatt anzulegen, nur ein Vermerk ins Grundbuch – Abteilung 2, vgl. Rdnr. 158 – eingetragen wird (§ 8 Abs. 1 Ziff. 2 der Verordnung). Der Vermerk lautet: „Es besteht unbelastetes Volkseigentum an baulichen Anlagen“.

Wichtig ist, daß die Verfahrensregelungen der Verordnung über das Gebäudeeigentum auch rückwirkend, also auch für solche Gebäude und baulichen Anlagen gelten sollen, die vor Inkrafttreten der Verordnung errichtet wurden (§ 11 der Verordnung). Die Rückwirkung ist allerdings nur denkbar bis zurück zum 1. 1. 1976, dem Tag, an dem die Grundregelung, nämlich das ZGB, in Kraft trat. (Anderer Ansicht OG-Urteil v. 6. 11. 1979 – 2 OZK 35/79 – unveröffentl.)

135 Wie erwähnt, regelt § 459 ZGB und die erwähnte Verordnung nicht nur die Entstehung selbständigen volkseigenen Gebäudeeigentums, sondern auch die Entstehung volkseigener – und anderer sozialistischer – Miteigentumsanteile an Grundstücken bei Baumaßnahmen. Miteigentum ist eine Form gemeinschaftlichen Eigentums (§ 34 ZGB). Es wird definiert als anteiliges Eigentum – im Gegensatz zum Gesamteigentum der Ehegatten bzw. einer Erbengemeinschaft, das anteilloses Eigentum ist. Die Verfügung über Miteigentum und die Beziehungen der Miteigentümer untereinander sind in den §§ 35–41 ZGB geregelt. Volkseigene Miteigentumsanteile bei Baumaßnahmen volkseigener Betriebe, staatlicher Organe und Einrichtungen auf nichtvolkseigenen, in der Regel privaten Grundstücken entstehen dann, wenn „bedeutende Erweiterungs- und Erhaltungsmaßnahmen" an den Gebäuden und Anlagen, die auf diesen Grundstücken stehen, durchgeführt werden (§ 459 Abs. 1 Satz 2). Als Erweiterungs- und Erhaltungsmaßnahmen sind An-, Um- und Ausbauten sowie Instandsetzungen, Modernisierungen und Rekonstruktionen anzusehen. Als „bedeutend" gelten diese Maßnahmen dann, wenn sie den Wert des nichtvolkseigenen Grundstücks um mindestens 30000 Mark erhöht haben.

Bei Maßnahmen, die den Wert des Grundstücks um weniger als 30000 Mark erhöhen, entsteht kein Miteigentum, sondern lediglich volkseigene Forderungen, die gegebenenfalls hypothekarisch gesichert werden können (§ 9 der Verordnung). Voraussetzung für die Entstehung von Miteigentumsanteilen ist ferner wie beim Gebäudeeigentum, daß eine Vereinbarung mit dem Grundstückseigentümer über die Baumaßnahmen getroffen wurde. Der Umfang der Werterhöhung ist nach Abschluß der Baumaßnahmen in einem Wertgutachten durch einen staatlich zugelassenen Sachverständigen zu ermitteln und durch den Rat des Kreises zu bestätigen. Die Erweiterungs- und Erhaltungsmaßnahmen sollten auf einer Preisbasis bewertet werden, die mit der Preisbasis, die dem Grundstückswert zugrunde liegt, vergleichbar ist (E. Köhler/H. P. Berger/H. Tarnick, a.a.O.). Danach ist der Miteigentumsanteil, der dem Volkseigentum zufällt, zwischen dem Rechtsträger des Volkseigentums und dem Grundstückseigentümer zu vereinbaren (§ 7). Kommt eine Vereinbarung nicht zustande, kann der Rechtsträger durch gerichtliche Klage die Abgabe der Willenserklärung durch den Eigentümer entsprechend dem Wertgutachten erzwingen (§ 7 Abs. 3 der Verordnung, § 129 ZPO).

Im Ergebnis dessen ist der Miteigentumsanteil in das Grundbuch einzutragen. Die Eintragung wird ebenfalls durch den Rat des Kreises veranlaßt. Eintragungsgrundlage ist die Vereinbarung bzw. das gerichtliche Urteil. Eingetragen wird der volkseigene Anteil als Bruchteil, nicht als Prozentsatz. Eindeutig ist, daß der Miteigentumsanteil am **Grundstück** entsteht, nicht – wie Rohde, Bodenrecht, S. 237, irrtümlich annimmt – am Gebäude.

Anders als beim Gebäudeeigentum können Miteigentumsanteile **136**
nicht nur bei Baumaßnahmen von Rechtsträgern von Volkseigentum, sondern auch bei Baumaßnahmen von Genossenschaften und gesellschaftlichen Organisationen begründet werden (§ 459 Abs. 4 ZGB). Für die Voraussetzungen und das Verfahren gilt dasselbe wie bei Rechtsträgern von Volkseigentum (§ 459 Abs. 4 letzter Satz ZGB). Das dürfte auch hinsichtlich der Wertgrenze – 30 000 Mark – gelten, ab der ein Miteigentumsanteil des Bauenden erst entsteht (so auch Köhler/Berger/Tarnick, a.a.O.; Rohde, Bodenrecht, S. 240). Laut ausdrücklicher Vorschrift findet die gesamte Regelung allerdings auf die Baumaßnahmen der LPG auf privatem Boden keine Anwendung (§ 459 Abs. 5 ZGB). Es wird auf die genossenschaftlichen Bestimmungen verwiesen, die bei Erhaltungs- und Erweiterungsmaßnahmen an privaten Gebäuden generell kein Miteigentum der LPG, sondern nur eine hypothekarische Sicherung der LPG-Forderung gegen den Eigentümer oder einen Vermerk im Grundbuch vorsehen (§ 44 Abs. 3 LPG-Gesetz).

7.3. Die rechtliche Regelung der vor dem Inkrafttreten des Zivilgesetzbuches begründeten Grundstücksbelastungen

Literatur:

G. Janke/H. Menzke, Löschung und Abtretung von vor Inkrafttreten des ZGB begründeten Grundpfandrechten, Neue Justiz 1988, Heft 1, S. 9;
dies., Ausübung, Übertragung und Löschung von vor Inkrafttreten des ZGB entstandenen Grundstücksrechten, Neue Justiz 1989, Heft 3, S. 99;
dies., Das Erbbaurecht und die vor Inkrafttreten des ZGB in das Grundbuch eingetragenen Vormerkungen, Widersprüche und Vermerke, Neue Justiz 1989, Heft 9, S. 359.

137 **7.3.1. Grundsätze der Regelung.** Wie oben dargelegt wurde, kennt das ZGB nur folgende Rechte an Grundstücken, die als Grundstücksbelastungen in das Grundbuch eingetragen werden können: die Hypothek, die Aufbauhypothek, das Vorkaufsrecht und Wege- und/oder Überfahrtrechte.

Mit der Beschränkung der Grundstücksbelastungen auf diese Rechte war für den Gesetzgeber das Problem entstanden, wie die Grundstücksbelastungen, die vor dem Inkrafttreten des ZGB (1. 1. 1976) begründet worden waren, nach diesem Zeitpunkt zu behandeln sind. Eine generelle Ablösung dieser Rechte oder ihre sofortige Überleitung in die neuen Rechtsformen des ZGB war insbesondere wegen der dann eingetretenen zahlreichen Veränderungen für die Grundstückseigentümer und die Inhaber dieser „alten" Rechte aus Gründen der Rechtssicherheit nicht möglich.

Durch § 6 Abs. 1 EGZGB wurde daher bestimmt, daß auf die vor dem Inkrafttreten des Zivilgesetzbuches begründeten Rechte an Grundstücken das bis dahin geltende Recht weiterhin anzuwenden war. Anzuwenden waren (und sind) insbesondere die Normen des BGB, dessen Bestimmungen über Grundstücksbelastungen durch die Gesetzgebung der DDR bis zum vollständigen Außerkrafttreten dieses Gesetzbuches nicht geändert worden waren.

Bei den unter § 6 EGZGB fallenden Rechten handelt es sich um

- Grundpfandrechte
  - Hypotheken (§§ 1113 bis 1190 BGB)
  - Grundschulden (§§ 1191 bis 1198 BGB)
  - Rentenschulden (§§ 1199 bis 1203 BGB)
- Aufbaugrundschulden gemäß § 7 Abs. 5 bis 7 der Finanzierungs-VO sowie folgender, bereits aufgehobener Rechtsvorschriften:
  - § 3 der Anordnung über die Kreditgewährung für Wiederinstandsetzung bzw. Wiederaufbau privater Wohnungsbauten vom 2. 9. 1949 (ZVOBl. I Nr. 81 S. 714) in Verbindung mit § 7 der 1. DB dazu vom 20. 2. 1950 (GBl Nr. 42 S. 315) und
  - § 17 Abs. 1 des Gesetzes über die Entschuldung und Kredithilfe für Klein- und Mittelbauern vom 8. 9. 1950 (GBl Nr. 104 S. 969) in Verbindung mit § 14 Abs. 2 und 3 der 2. DB dazu vom 21. 9. 1950 (GBl Nr. 109 S. 1018)
- Vorkaufsrechte (vgl. §§ 1094 bis 1104 BGB)
- Dienstbarkeiten
  - Grunddienstbarkeiten (vgl. §§ 1018 bis 1029 BGB)
  - Nießbräuche (vgl. §§ 1030 bis 1067 BGB)
  - beschränkte persönliche Dienstbarkeiten (vgl. §§ 1090 bis 1093 BGB)

– Reallasten (vgl. §§ 1105 bis 1112 BGB).

Die Beschädigung oder Zerstörung eines bebauten Grundstücks, **138**
auch wenn sie im zweiten Weltkrieg erfolgt war, hatte keinen Einfluß auf den Bestand und die Höhe der auf dem Grundstück ruhenden Belastungen (vgl. OG NJ 1953, S. 654 = OGZ Bd. 2 S. 215 und OG NJ 1958, S. 212 = OGZ Bd. 5 S. 115).

Auch durch die Währungsreform im Jahre 1948 wurden Bestand und Höhe der Grundstücksrechte und der ihnen zugrunde liegenden Forderungen nicht verändert.

Jedoch wurden bei der Herstellung der Währungs-, Wirtschafts- und Sozialunion zwischen der DDR und der BRD mit Wirkung vom 1. Juli 1990 alle vor diesem Zeitpunkt begründeten und auf Mark der DDR lautenden Forderungen im Verhältnis 2 : 1 auf Deutsche Mark umgestellt; d. h. abgewertet. Eine Ausnahme wurde jedoch für regelmäßig wiederkehrende Zahlungen gemacht, die nach dem 30. Juni 1990 fällig werden. Letztere werden im Verhältnis 1 : 1 umgestellt, also nicht abgewertet.

Diese Vorschriften beziehen sich somit auch auf die „alten" Grundstücksrechte, da diese, soweit sie Geldleistungen zum Inhalt haben, in Mark der DDR zu erfüllen waren. Daraus folgt, daß auch die vor dem Inkrafttreten des ZGB begründeten Hypotheken, Grundschulden und Aufbaugrundschulden sowie die ihnen zugrunde liegenden Forderungen im Verhältnis 2 : 1 umgestellt (abgewertet) wurden.

Es kann davon ausgegangen werden, daß Rentenschulden und solche Reallasten, die regelmäßig zu leistende Geldschulden beinhalten, im Verhältnis 1 : 1 umgestellt, d. h. nicht abgewertet werden, da hier regelmäßig wiederkehrende Zahlungen an die Inhaber dieser Grundstücksrechte zu erbringen sind.

Reallasten, gemäß denen Dienst- und/oder Naturalleistungen zu erbringen sind, sowie Vorkaufsrechte und Dienstbarkeiten werden durch die Währungsumstellung nicht verändert.

Erbbauzinsen (vgl. dazu § 9 ErbbRVO) wurden als regelmäßig wiederkehrende Zahlungsverpflichtungen ebenfalls im Verhältnis 1 : 1 umgestellt; und sind somit ebenfalls in der vereinbarten Höhe weiter zu entrichten.

Eine Klarstellung der Rechtslage durch Erlaß einer Rechtsvorschrift wäre wünschenswert.

Gemäß § 6 Abs. 2 Satz 1 EGZGB finden für die Ausübung der **139**
vor dem Inkrafttreten des ZGB begründeten Rechte die allgemeinen Bestimmungen des ZGB Anwendung. Bei der Abwicklung dieser Rechte und der ihnen zugrunde liegenden Forderungen sind

daher insbesondere folgende Bestimmungen des ZGB anzuwenden:

- die Grundsätze des Zivilrechts der DDR (§§ 1 bis 16);
- die allgemeinen Bestimmungen über Verträge (§§ 43 bis 93 ZGB), soweit sie für die Realisierung der Rechte von Bedeutung sind. So sind z. B. die Vorschriften über die Erfüllung von Forderungen (§§ 71 ff. ZGB) und über den Verzug (§§ 85 ff. ZGB) anzuwenden;
- die Bestimmungen des 7. Teils des ZGB (§§ 428 ff. ZGB), soweit diese nicht spezielle Rechtsinstitute behandeln. Anwendbar sind die §§ 428, 430 bis 440, 449, 466 bis 480.
  Von besonderer Bedeutung ist der auch auf die vor dem Inkrafttreten des ZGB begründeten Grundstücksbelastungen anwendbare Rechtsgrundsatz, daß die Ausübung und Verwertung von Sicherungsrechten in Übereinstimmung mit den Grundsätzen von Treu und Glauben zu erfolgen hat sowie den gesellschaftlichen Interessen und den berechtigten Interessen des Schuldners nicht zuwiderlaufen darf (§ 442 Abs. 2 ZGB in aktueller Fassung);
- andere Bestimmungen des ZGB über die Ausübung von Rechten und das Verfahren bei ihrer Abwicklung, soweit diese Vorschriften über das Rechtsinstitut, bei dem sie enthalten sind, hinausgehende Bedeutung haben (so z. B. § 307 Abs. 1 und 2 ZGB, der das Verfahren bei der Ausübung des Vorkaufsrechts regelt).

140 Durch § 6 Abs. 2 Satz 2 EGZGB wird bestimmt, daß dann, wenn 1976 und danach durch Vertrag „altes" Recht an einem Grundstück auf einen anderen Bürger oder Betrieb (juristische Person) übertragen wurde, das Zivilgesetzbuch anzuwenden war. Das bedeutet, daß vor dem 1. Januar 1976 begründete Rechte an Grundstücken – mit Ausnahme des Erbbaurechts, für das die spezielle Vorschrift des § 5 Abs. 2 EGZGB Anwendung findet – und die ihnen zugrunde liegenden Rechtsverhältnisse bei der vertraglichen Übertragung auf andere Bürger oder Betriebe (juristische Personen) dem damals neuen Boden- und Zivilrecht anzugleichen waren.

Im Ergebnis der vertraglichen Verfügung über ein „altes" dingliches Recht an einem Grundstück und einer diesem Recht zugrunde liegenden Forderung mußte von den Beteiligten ein solches Rechtsverhältnis geschaffen werden, wie es auch gemäß dem Zivilgesetzbuch und dessen zivil- und bodenrechtlichen Folgebestimmungen neu begründet werden konnte. Da die Eintragung von Rechtsänderungen an sonstigen Grundstücksrechten auf Grund von Verträgen in das Grundbuch nur dann erfolgt, wenn der Vertrag zumindest beglaubigt wurde, haben die Notare und die zur Vornahme von Beglaubigungen befugten Mitarbeiter des Liegenschaftsdienstes (vgl. § 6 GDO) die Beteiligten in der Regel darauf hingewiesen, die bezüglich einer „alten" Grundstücksbelastung bestehenden Rechtsverhältnisse ggf. so zu verändern, daß sie dem Zivilgesetzbuch und dessen Folgebestimmungen entsprechen.

Der § 6 Abs. 2 Satz 2 EGZGB findet dann keine Anwendung, **141** wenn ein vor dem 1. 1. 1976 begründetes Recht an einem Grundstück im Wege der Erbfolge auf andere Personen übergeht. Ein vererbliches Grundstücksrecht geht vielmehr inhaltlich unverändert auf den oder die Erben über (§ 362 Abs. 2, § 363 Abs. 1 ZGB).

Wird jedoch ein vererbliches „altes" Grundstücksrecht als Vermächtnis zugewandt, ist der Erbe verpflichtet, diesem Recht durch Vertrag auf den Vermächtnisnehmer zu übertragen (§ 380 Abs. 1 ZGB). Bei der vertraglichen Übertragung des Grundstücksrechts ist dieses ggf. inhaltlich so zu verändern, daß es dem bis jetzt geltenden Zivil- und Bodenrecht der DDR entspricht.

Ist ein Recht an einem Grundstück mit dem Eigentum an einem anderen (dem „herrschenden") Grundstück verbunden (vgl. § 1018, § 1094 Abs. 2 und § 1105 Abs. 2 BGB), dann geht bei der Veräußerung des anderen Grundstücks dieses Grundstücksrecht unverändert auf den neuen Grundstückseigentümer über. Der Übergang eines solchen Grundstücksrechts, welches gemäß § 96 BGB Bestandteil des „herrschenden" Grundstücks ist, erfolgt als rechtliche Nebenfolge des Wechsels des Eigentums an diesem Grundstück, weshalb § 6 Abs. 2 Satz 2 EGZGB in einem solchen Fall nicht anzuwenden ist.

Auch dann, wenn ein belastetes Grundstück veräußert wird, erfolgt keine inhaltliche Veränderung der darauf ruhenden „alten" Grundstücksrechte.

Ist in den gemäß § 6 Abs. 1 EGZGB weiterhin anwendbaren Vorschriften des vor Inkrafttreten des ZGB geltenden Rechts geregelt, daß vor dem 1. 1. 1976 begründete Grundstücksrechte nicht übertragbar und nicht vererblich sind, dann gilt dies auch weiterhin. Zu diesen Vorschriften gehören § 1098 Abs. 1 Satz 1 in Verbindung mit § 514 Satz 1 BGB, § 1092 Satz 1 BGB, § 1059 BGB und § 1061 BGB sowie auch § 1090 Abs. 2 i.V.m. § 1061 BGB.

Im folgenden wird keine geschlossene Darstellung der Grundstücksbelastungen gegeben, sondern nur die wichtigsten Belastungen aus der Sicht der Entwicklung dieser Rechtsinstitute in der

DDR erläutert. Es wird auch auf solche Bestimmungen des BGB hingewiesen, die in der DDR relativ oft angewandt werden (z. B. § 1170). Dabei wird die Rechtsprechung der Gerichte der DDR, insbesondere des Obersten Gerichts, berücksichtigt.

142 **7.3.2. Die Grundpfandrechte.** Auf dem Gebiet der DDR hat von den Grundpfandrechten die Hypothek (§§ 1113 BGB) die größte Bedeutung erlangt. Dagegen wurden Grundschulden (§§ 1191 ff. BGB) und Rentenschulden (§§ 1199 ff. BGB) selten begründet.

Für alle Grundpfandrechte gilt: Nach dem Ende des 2. Weltkrieges gingen die Forderungen, die zu ihrer Sicherung bestellten Grundpfandrechte sowie die anderen Grundstücksrechte, deren Inhaber die bald nach dem 8. Mai 1945 geschlossenen Banken sowie Konzerne, Siedlungsgesellschaften, Gebietskörperschaften des ehemaligen Deutschen Reiches oder Nazi- und Kriegsverbrecher waren, in Volkseigentum über.

Zur Verwaltung dieser Forderungen und Grundstücksrechte vgl. insbesondere

- VO über die Behandlung langfristiger Bankforderungen vom 15. 12. 1949 (GBl Nr. 17 S. 120) und die 1. DB dazu vom 30. 3. 1950 (GBl Nr. 40 S. 308);
- VO über die Behandlung von Darlehen aus früherem Reichs- und preußischem Vermögen und Vergünstigungen für vorfristige Rückzahlung vom 26. 1. 1950 (GBl Nr. 9 S. 57) und die 1. DB dazu vom 5. 1. 1952 (GBl Nr. 4 S. 17);
- VO über die Übernahme von Hypotheken und anderen übertragbaren dinglichen Rechten sowie von Wertpapieren und Beteiligungen des Volkseigentums und der juristischen Personen des öffentlichen Rechts – Übernahmeverordnung – vom 25. 1. 1951 (GBl Nr. 10 S. 53) und die 1. DB dazu vom 16. 8. 1952 (GBl Nr. 115 S. 752).

Die Verwaltung der in Volkseigentum übergegangenen Forderungen und Grundstücksrechte erfolgt jetzt durch die Staatsbank der DDR, die Deutsche Kreditbank AG, die Genossenschaftsbank Berlin als Rechtsnachfolger der Bank für Landwirtschaft und Nahrungsgüterwirtschaft der DDR sowie durch die Sparkassen.

143 Beim Eintritt in die LPG wurden allen Klein- und Mittelbauern (das waren Bauern, deren Betrieb in der Regel nicht größer als 20 ha war) grundsätzlich sämtliche vor dem 9. Mai 1945 entstandenen und dem Volkseigentum zustehenden Forderungen, die durch Grundpfandrechte gesichert waren, erlassen. Die Grundpfandrechte wurden mit folgendem Vermerk im Grundbuch gelöscht:

„Die unter laufender Nr. ... verzeichneten Belastungen werden auf Grund des Gesetzes vom 17. Februar 1954 über die Entschuldung der Klein- und Mittelbauern beim Eintritt in Landwirtschaftliche Produktionsgenossenschaften (GBl Nr. 23 S. 224) gelöscht".

Solche Forderungen und die zu ihrer Sicherung eingetragenen Grundpfandrechte leben nach noch geltendem DDR-Recht unter bestimmten Voraussetzungen wieder auf, z. B. beim Austritt des Entschuldeten aus der LPG, bei seinem Tode oder bei der Veräußerung des Grundstücks. Die wieder aufgelebte Althypothekenforderung, deren Wiedereintragung in das Grundbuch auf Veranlassung der Bank für Landwirtschaft und Nahrungsgüterwirtschaft der DDR erfolgte, konnte ggf. gestundet werden. Voraussetzung für eine Stundung war, daß das belastete Grundstück und das sonstige landwirtschaftliche Vermögen in der Nutzung eines sozialistischen Landwirtschaftsbetriebes, z. B. der LPG oder eines VEG, verbleibt.

(Vgl. dazu Gesetz über die Entschuldung der Klein- und Mittelbauern beim Eintritt in landwirtschaftliche Produktionsgenossenschaften vom 17. 2. 1954, GBl 23 S. 224; die 1. DB dazu vom 30. 6. 1954, GBl Nr. 61 S. 594; die 2. DB dazu vom 5. 4. 1956, GBl I Nr. 39 S. 333; die 3. DB dazu vom 11. 5. 1959, GBl I Nr. 34 S. 556 in der Fassung der 4. DB vom 30. 12. 1966, GBl II 1967 Nr. 12 S. 76 und dazu W. Kulaszewski, „Wiederaufleben von Schulden, die LPG-Mitgliedern nach dem Entschuldungsgesetz erlassen worden waren", NJ 1968, S. 593).

Wurde ein entschuldetes Grundstück veräußert, war anzustreben, daß der Erwerber die infolge der Veräußerung wieder aufgelebte Altschuld – beim Kauf in Anrechnung auf den Kaufpreis – übernimmt. Dazu ist die Zustimmung der Gläubigerbank erforderlich (§ 440 ZGB). War der Erwerber ebenfalls Mitglied einer LPG, erfolgte nach dem Eigentümerwechsel eine erneute Entschuldung. Ob die Voraussetzungen für die Entschuldung vorliegen, wurde von der Bank für Landwirtschaft und Nahrungsgüterwirtschaft der DDR entschieden. Eine gerichtliche Nachprüfung der Entscheidung der Bank war nicht zulässig.

Speziell zur Hypothek: Wie bereits erwähnt, war unter der Gel- **144**
tung des BGB in der DDR die Hypothek die häufigste Grundstücksbelastung. Bis in die fünfziger Jahre wurde über die meisten Hypotheken ein Hypothekenbrief erteilt. Da jedoch der reine Sicherungscharakter der Hypothek mehr und mehr in den Vordergrund trat und die Abtretung hypothekorisch gesicherter Forderungen zur Ausnahme wurde, setzte sich der vereinbarte Aus-

schluß der Erteilung von Hypothekenbriefen durch. Die Eintragung von Buchhypotheken wurde zur Regel (vgl. dazu O. Kube, „Für brieflose Grundpfandrechte im Grundbuchverkehr“, NJ 1955, S. 313).

Ausgestellte Hypothekenbriefe gelten jedoch gemäß § 6 Abs. 1 EGZGB weiter; auch § 952 BGB ist für Hypothekenbriefe und andere Grundpfandbriefe weiterhin anzuwenden. Als öffentliche Urkunden genießen sie den besonderen strafrechtlichen Schutz des § 242 StGB der DDR vor Falschbeurkundung (Nachahmung).

Seit dem 1. April 1963 war für die Abtretung sämtlicher Hypothekenforderungen die staatliche Genehmigung erforderlich, soweit nicht die Abtretung an volkseigene oder genossenschaftliche Kreditinstitute erfolgte (vgl. § 2 Abs. 2 Buchst. b und § 22 Abs. 1 der Grundstücksverkehrsverordnung vom 11. 1. 1963, GBl II Nr. 22 S. 159).

Diese Genehmigungspflicht ist seit kurzem aufgehoben (vgl. § 454 Abs. 3 ZGB sowie § 2 Abs. 1 GVVO in der Fassung des 1. Zivilrechtsänderungsgesetzes und unter Rdnr 104).

145 Von besonderer Bedeutung ist die durch § 1170 BGB getroffene und gemäß § 6 Abs. 1 EGZGB weiterhin anwendbare Regelung, gemäß der ein Gläubiger mit seinen Rechten an der Hypothek ausgeschlossen werden kann, wenn er unbekannt ist und die übrigen in § 1170 Abs. 1 BGB genannten Voraussetzungen erfüllt sind.

Der Ausschluß eines unbekannten Hypothekengläubigers gemäß § 1170 BGB erfolgt auf Antrag des Grundstückseigentümers im Wege des gerichtlichen Aufgebotsverfahrens. Örtlich zuständig für die Durchführung des Ausschlußverfahrens ist das Kreisgericht, in dessen Bereich die Außenstelle oder Arbeitsgruppe des Liegenschaftsdienstes ihren Sitz hat, die das Grundbuch führt, in dem die betreffende Hypothek eingetragen steht. Über den Antrag wird vom Sekretär des Kreisgerichtes durch Beschluß entschieden (vgl. §§ 144 ff. ZPO und dazu Horst Kellner u. a.: Zivilprozeßrecht, Lehrbuch, Berlin 1980, S. 379–384 sowie „Frage und Antwort“ in NJ 1979, S. 87).

Die materiellrechtlichen Voraussetzungen für den Ausschluß eines unbekannten Hypothekengläubigers sind in mehreren Urteilen des Obersten Gerichtes dargelegt worden (vgl. OG NJ 1983, S. 466 f. und die in diesem Urteil zitierten weiteren Kassationsentscheidungen des Obersten Gerichts).

Die Durchführung eines Aufgebotsverfahrens gemäß § 1170 GB ist auch dann noch zulässig, wenn dem Eigentümer des belasteten Grundstücks auf Grund des § 12 Abs. 3, des § 13 Abs. 3 und des

§ 16 Abs. 4 des Baulandgesetzes oder gemäß eines anderen auf der Grundlage des Artikels 16 der Verfassung erlassenen Gesetzes das Eigentumsrecht an dem Grundstück entzogen wurde oder wenn das Grundstück infolge der Ausübung des staatlichen Vorerwerbsrechts gemäß § 13 Abs. 1 GVVO in das sozialistische Eigentum übergegangen ist.

Die Zulässigkeit des Gläubigerausschlusses in solchen Fällen ist deshalb gegeben, weil für den Hypothekengläubiger die Entschädigung an die Stelle des durch den Eigentumsentzug in das Volkseigentum übergegangenen Grundstücks tritt (vgl. § 13 Abs. 1 Ziff. 3 des Baulandgesetzes bzw. § 13 Abs. 2 Buchst. c GVVO in Verbindung mit § 6 Abs. 2 des Entschädigungsgesetzes). Der gerichtliche Ausschlußbeschluß dient dem entschädigungsberechtigten früheren Grundstückseigentümer zur Führung des Nachweises, daß der frühere Inhaber der Hypothek kein besonderes Recht an der für das Grundstück zu leistenden Entschädigung hat (vgl. § 10 Abs. 2 des Entschädigungsgesetzes i.V.m. § 9 Abs. 1 Ziff. 2 und § 10 des DVO zum Entschädigungsgesetz). Zu allem Rdnr. 98.

Durch einen gemäß § 1170 BGB ergangenen Ausschlußbeschluß geht nur die Hypothek unter, nicht aber die der Hypothek zugrunde liegende Forderung.

Allerdings galt der Gläubiger dann nicht als unbekannt und deshalb ein Aufgebotsverfahren zum Zwecke des Ausschlusses des Gläubigers mit seinen Rechten aus der Hypothek als grundsätzlich unzulässig, wenn

- ein nach dem 8. Mai 1945 auf dem Gebiet der DDR geschlossenes Kreditinstitut (z. B. eine Bank, Sparkasse oder eine Genossenschaftskasse),
- ein auf dem Gebiet der DDR nicht mehr bestehendes Versicherungsunternehmen,
- die frühere reichsgesetzliche Sozialversicherung oder einer ihrer Verbände (z. B. eine Orts-, Betriebs- und Ersatzkrankenkasse),
- eine Berufsgenossenschaft, ein Verein, eine Stiftung oder eine Siedlungsgenossenschaft,
- eine ehemalige Gebietskörperschaft (z. B. ein früheres Land, ein Kreis, eine Stadt oder eine Gemeinde) oder
- ein Kreditinstitut mit Sitz in der Bundesrepublik Deutschland

Berechtigter der Hypothek war.

Die Verwaltung und Einziehung solcher (und anderer) hypothekarisch gesicherter Forderungen wurde den nach dem 8. Mai 1945 neu gegründeten Kreditinstituten übertragen.

(Vgl. die AO über die Behandlung von Forderungen von Kreditinstituten in den Westzonen – einschließlich des Saargebietes – oder geschlossener Banken von Groß-Berlin gegen Schuldner in der sowjetischen Besatzungszone Deutschlands vom 18. 8. 1948, ZVOBl. Nr. 38 S. 423 sowie die unter Rdnr 142 genannten 3 Verordnungen nebst Durchführungsbestimmungen).

Die Durchführung eines Aufgebotsverfahrens zum Zwecke der Ausschließung eines Hypothekengläubigers war auch dann nicht zulässig, wenn die Forderung unter staatlicher Verwaltung oder Treuhandschaft stand. In diesen Fällen ging aus einer entsprechenden Eintragung im Grundbuch hervor, wer als staatlicher Verwalter oder Treuhänder die Befugnisse des Gläubigers wahrnimmt, so daß auch in diesen Fällen der Gläubiger nicht unbekannt im Sinne des Gesetzes war.

146 Zur Geltendmachung der Hypothek und der ihr zugrunde liegenden Forderung:

Aus § 6 Abs. 1 EGZGB folgt, daß die vor dem Inkrafttreten des ZGB begründeten Hypotheken und die ihnen zugrunde liegenden Forderungen unverändert bestehen geblieben sind.

Das gilt auch für die Höhe der Hypothekenzinsen (vgl. OG NJ 1980, S. 284 = OGZ Bd. 16, S. 110 und NJ 1981, S. 43 = OGZ Bd. 16, S. 128).

Bei der Geltendmachung der Hypothek und der ihr zugrunde liegenden Forderung sind jedoch gemäß § 6 Abs. 2 Satz 1 EGZGB die allgemeinen Bestimmungen des ZGB anzuwenden (vgl. dazu Rdnr. 139). Dies hat zur Folge, daß die Ansprüche aus der Hypothek nicht verjähren. Das gleiche trifft für die der Hypothek zugrunde liegenden Forderung zu, solange diese durch die Hypothek gesichert ist. Das gilt jedoch nicht für Ansprüche auf Zinsen. Ansprüche auf Hypothekenzinsen verjähren als vertragliche Forderungen gemäß § 474 Abs. 1 Ziff. 2 ZGB in zwei Jahren (vgl. OG NJ 1980, S. 284 = OGZ Bd. 16 S. 110). Ist ein Hypothekenbrief erteilt, sind bei Geltendmachung der Hypothek und ggf. der Forderung auch die §§ 1160 und 1161 BGB zu beachten.

Zur Löschung einer Briefhypothek ist es erforderlich, neben einer beglaubigten Löschungszustimmung oder einer entsprechenden anderen beglaubigten Erklärung des Hypothekengläubigers (vgl. § 15 GBVerfO) auch den Hypothekenbrief bei der zuständigen Außenstelle oder Arbeitsgruppe des Liegenschaftsdienstes einzureichen. Ist der Hypothekenbrief abhanden gekommen oder vernichtet, kann er im Aufgebotsverfahren für kraftlos erklärt werden (§ 1162 BGB in Verbindung mit §§ 114ff. ZPO).

Die Kraftloserklärung war dann nicht erforderlich, wenn die der Briefhypothek zugrunde liegende Forderung bereits vor dem 8. Mai 1945 entstanden war, danach aufgrund von Rechtsvorschriften in das Volkseigentum übergegangen war und von einem volkseigenen Kreditinstitut der DDR bzw. in dessen Auftrag eingezogen wurde. Solche Hypotheken konnten, falls das zur Einziehung berechtigte Kreditinstitut versicherte, daß es nicht im Besitz des Hypothekenbriefes ist, ohne dessen Vorlage auf das Kreditinstitut umgeschrieben oder im Grundbuch gelöscht werden. Mit der Eintragung des neuen Berechtigten (des Kreditinstitutes) wurde die bisherige Briefhypothek in eine brieflose Hypothek (Buchhypothek) umgewandelt. Die Umwandlung oder Löschung der Hypothek bewirkte, daß der erteilte Hypothekenbrief kraftlos wird

(vgl. dazu

- W. Kulaszewski, „Unzulässigkeit von Aufgebotsverfahren bei Altforderungen", NJ 1965, S. 430 und den redaktionellen Hinweis dazu in NJ 1965, S. 710).

Erteilte ein volkseigenes Kreditinstitut, welches eine Hypothekenforderung eines Kreditinstitutes mit Sitz in der Bundesrepublik Deutschland oder einer geschlossenen früheren Berliner Bank verwaltete, für eine solche Hypothek eine Löschungszustimmung, so konnte die Löschung gemäß der Anordnung vom 18. 8. 1948, ZVOBl. Nr. 38 S. 423 ebenfalls ohne die Beibringung des Hypothekenbriefes erfolgen.

Schließlich wurden aufgrund einer Verwaltungsanweisung auch staatliche oder treuhänderisch verwaltete Briefhypotheken ohne Vorlage des Hypothekenbriefes und ohne daß es einer Kraftloserklärung bedurfte im Grundbuch gelöscht, wenn neben der Löschungszustimmung des Kreditinstitutes, welches die staatliche oder treuhänderische Verwaltung ausübte, auch eine schriftliche Erklärung dieses Kreditinstitutes vorgelegt wurde, aus der hervorging, daß es nicht im Besitz des Hypothekenbriefes war. (Zur staatlichen oder treuhänderischen Verwaltung privaten Vermögens vgl. Rdnr 75–78)

Die Vollstreckung wegen der Hypothek erfolgte durch gerichtlichen Verkauf des Grundstücks gemäß VO über die Vollstreckung in Grundstücke vom 18. 12. 1975, GBl I 1976 Nr. 1 S. 1. Seit neuestem erfolgt sie wieder durch Zwangsversteigerung nach der Grundstücksvollstreckungsverordnung vom 6. Juni 1990 (GBl I Nr. 32 S. 288).

Bei der Verteilung des Verkaufserlöses blieben und bleiben Eigentümergrundschulden unberücksichtigt, weil nur **Forderungen** aus im Grundbuch eingetragenen Rechten berücksichtigt werden. Einer Eigentümergrundschuld liegt jedoch keine Forderung zugrunde.

147 Zur Verfügung über die Hypothek und die ihr zugrunde liegende Forderung:

Bei der Abtretung einer vor dem 1. 1. 1976 eingetragenen Hypothekenforderung sind gemäß § 6 Abs. 2 Satz 2 ZGB die Rechtsvorschriften des ZGB anzuwenden. Das bedeutet, daß zwischen dem bisherigen Gläubiger und dem neuen Gläubiger ein schriftlicher Abtretungsvertrag geschlossen werden muß, der zu beglaubigen ist. Bei der Abtretung sind Forderung und Hypothek gegebenenfalls inhaltlich so zu verändern, daß sie dem ZGB und den Folgebestimmungen entsprechen. Das bedeutet im einzelnen:

- Wenn ein Hypothekenbrief erteilt wurde, ist eine Erklärung abzugeben, daß dessen Erteilung nachträglich ausgeschlossen wird, da das Zivilgesetzbuch nur brieflose Hypotheken kennt. Der nachträgliche Ausschluß des Hypothekenbriefes kann durch einseitige Erklärung des Gläubigers erfolgen.

  Da die Abtretung der Forderung an einen neuen Gläubiger nicht der Zustimmung des Schuldners bedarf (§ 436 Abs. 1 Satz 2 ZGB), kann dem Grundstückseigentümer, der in der Regel auch persönlicher Schuldner der Hypothekenforderung ist, nicht das Recht eingeräumt werden, durch Verweigerung seiner Mitwirkung beim nachträglichen Ausschluß des Hypothekenbriefes die Abtretung der Hypothekenforderung zu verhindern. Der § 1116 Abs. 2 BGB, der die Mitwirkung des Grundstückseigentümers beim nachträglichen Ausschuß des Hypothekenbriefes zwingend vorschrieb, ist daher insoweit in der DDR nicht mehr anwendbar.
- Soweit für eine Hypothekenforderung der Zinssatz 3,25% jährlich überstieg, war er auf diesen Betrag zu senken, wenn der neue Gläubiger ein Bürger ist. Hypothekenforderungen, die Bürgern zustehen, wurden generell als Darlehen betrachtet. Darlehensforderungen durften jedoch seit dem 1. Januar 1976 gemäß § 244 Abs. 3 Satz 2 ZGB in Verbindung mit § 1 der AO über die Festsetzung eines einheitlichen Zinssatzes für Spareinlagen vom 15. 12. 1970 (GBl II Nr. 99 S. 723) nur mit 3,25% jährlich verzinst werden.

  Seit neuestem ist der Sparkassen-Höchstzinssatz wieder aufgehoben, womit die Senkung des Zinssatzes für Hypothekenforderungen bei einer Abtretung entfällt.

Die Angleichung an die Vorschriften des Zivilgesetzbuches ist auch dann erforderlich, wenn eine vor dem 1. 1. 1976 begründete und hypothekarisch gesicherte Forderung durch Vertrag verpfändet werden soll. Eine Verpfändung (§ 449 ZGB) stellt eine Verfügung über die Forderung und damit über die Hypothek im Sinne des § 6 Abs. 2 Satz 2 EGZGB dar. Dagegen ist eine Angleichung nicht erforderlich, wenn die gerichtliche Pfändung einer Forderung erfolgt, die durch eine vor dem 1. Januar 1976 begründeten Hypothek gesichert ist. In einem solchen Fall hat der Sekretär des Kreisgerichts zu veranlassen, daß die Pfändung in das Grundbuch eingetragen wird. Der Hypothekenbrief ist dem Hypothekengläubiger (Schuldner) wegzunehmen und dem Pfändungsgläubiger zu übergeben (vgl. § 117 ZPO). Entsprechendes galt, wenn die Pfändung durch ein vollstreckungsberechtigtes Verwaltungsorgan erfolgte.

Zur Grundschuld und Rentenschuld: **148**

Die Grundschuld ist – im Gegensatz zur Hypothek – bekanntlich nicht vom Bestehen einer persönlichen Forderung abhängig. Sie ist nicht akzessorisch (vgl. § 1192 Abs. 1 BGB). In der Praxis liegt jedoch einer Grundschuld sehr oft auch eine Forderung zugrunde. Da Einreden, die sich gegen die Forderung richten, nicht gegenüber dem Anspruch aus der Grundschuld geltend gemacht werden können, hat der Inhaber der Grundschuld gegenüber dem Grundstückseigentümer eine relativ starke Stellung. Deshalb wurden schon vor dem 8. Mai 1945 – wie heute in der BRD – Bankkredite oft nicht durch Hypotheken, sondern durch Grundschulden gesichert.

Auf die Grundschuld sind die Rechtsvorschriften über die Hypothek entsprechend anzuwenden, soweit sich nicht daraus etwas anderes ergibt, daß der Grundschuld eine Forderung nicht zugrunde liegen braucht (vgl. § 1192 Abs. 1 BGB).

Diese Rechtsgrundsätze galten weiterhin (§ 6 Abs. 1 EGZGB). Wegen der Hypothek ähnlichen rechtlichen Regelung der Grundschuld wird daher hinsichtlich der Weitergeltung erteilter Grundschuldbriefe und der Möglichkeit ihrer Kraftloserklärung, der Geltendmachung der Grundschuld durch Kreditinstitute und andere Grundschuldinhaber, der Möglichkeit des Ausschlusses eines unbekannten Grundschuldinhabers (vgl. dazu OG NJ 1983, S. 466) sowie hinsichtlich der Löschung der Grundschuld im Grundbuch auf die Darlegungen bezüglich der Hypothek verwiesen. Soweit nicht anderes vereinbart ist, hat der Grundstückseigentümer das Kapital, die Zinsen und andere Leistungen aus der Grundschuld dem Gläubiger an dessen Sitz, Wohnsitz oder Kreditinstitut zu übermitteln (vgl. § 75 Abs. 1 ZGB; diese Rechtsvorschrift ist gemäß § 6 Abs. 2 Satz 1 EGZGB an die Stelle des nicht mehr anwendbaren § 1194 BGB getreten).

Eine Grundschuld konnte auch unter dem neuen Recht unter bestimmten Voraussetzungen abgetreten werden. Da in den seit dem 1. 1. 1976 geltenden Rechtsvorschriften das Rechtsinstitut der Grundschuld nicht mehr vorgesehen war, mußte eine Grundschuld bei der Abtretung in eine Hypothek gemäß § 452 ff ZGB umgewandelt werden. Die Umwandlung einer Grundschuld in eine Hypothek gemäß § 452 ff. ZGB ist jedoch nur dann möglich, wenn der Grundschuld noch eine Forderung des Grundschuldinhabers gegenüber dem Grundstückseigentümer zugrunde liegt. Diese Voraussetzung muß deshalb bestehen, weil eine Hypothek nur in der jeweiligen Höhe der durch sie gesicherten Forderung entstehen und bestehen kann.

Schließlich mußte – falls über die Grundschuld ein Grundschuldbrief besteht – dessen Erteilung nachträglich ausgeschlossen und der Brief an den Liegenschaftsdienst zurückgegeben werden.

Die Abtretung der durch die Grundschuld gesicherten Forderung erfolgt durch Vertrag. Bei der Umwandlung der Grundschuld in eine Hypothek muß der Grundstückseigentümer mitwirken.

Der Vertrag bedarf der Beglaubigung. Eine staatliche Genehmigung für Abtretungen ist seit dem Inkrafttreten des 1. Zivilrechtsänderungsgesetzes (1. 7. 1990) nicht mehr erforderlich.

149 Die in den §§ 1199 bis 1203 BGB geregelte Rentenschuld stellt eine Unterart der Grundschuld dar. Sie hat in der Praxis nur wenig Bedeutung erlangt, so daß in den Grundbüchern der DDR nur wenige Rentenschuldeintragungen vorhanden sind. Wegen der im übrigen der Hypothek ähnlichen Regelung der Rentenschuld kann daher hinsichtlich der Weitergeltung erteilter Rentenschuldbriefe und der Möglichkeit ihrer Kraftloserklärung, der Geltendmachung der Rentenschuld, der Möglichkeit des Ausschlusses eines unbekannten Rentenschuldinhabers sowie hinsichtlich der Löschung der Rentenschuld im Grundbuch ebenfalls auf die Darlegung bezüglich der Hypothek verwiesen werden.

Ist eine Rentenschuld aus ehemaligen feudalistischen Abhängigkeitsverhältnissen entstanden und steht sie dem Staatshaushalt zu, erfolgt ein Erlaß, wenn ein Genossenschaftsbauer oder ein Dorfhandwerker Eigentümer des belasteten Grundstückes ist. Die Löschung solcher Rentenschulden erfolgte auf einen schriftlichen Antrag des volkseigenen Kreditinstitutes, welches die Rentenschuld verwaltet. Dies gilt auch für andere Grundstücksrechte, die auf Grund ehemaliger feudalistischer Abhängigkeitsverhältnisse zugunsten des Staatshaushaltes gegenüber Genossenschaftsbauern und Dorfhandwerkern bestanden oder bestehen (vgl. §§ 1, 2 und 4 der AO über den Erlaß von Forderungen, die aus ehemaligen feudalistischen Abhängigkeitsverhältnissen entstanden sind vom 31. August 1956, GBl I Nr. 79, S. 708).

Die Abtretung einer Rentenschuld ist nur dann möglich, wenn sie in eine Hypothek gemäß §§ 452 ff. ZGB umgewandelt werden kann. Eine solche Umwandlung setzt jedoch das Bestehen einer persönlichen Forderung, für die die Rentenschuld bestellt wurde, voraus.

Zur Aufbaugrundschuld: **150**

Aufbaugrundschulden wurden zur Sicherung von Tilgungskrediten bestellt, die Kreditinstitute der ehemaligen SBZ und der DDR für den Wiederaufbau, die Instandsetzung und die Modernisierung von privaten Grundstücken ausgereicht hatten. Das Rechtsinstitut der Aufbaugrundschuld wurde nach dem 8. Mai 1945 unabhängig von den im BGB geregelten Grundstücksbelastungen geschaffen. Es war in Rechtsvorschriften geregelt, die zum Teil bereits vor dem Inkrafttreten des ZGB aufgehoben worden waren (siehe Rdnr 137).

Bis zum Inkrafttreten des ZGB wurden Aufbaugrundschulden zur Sicherung von Tilgungskrediten eingetragen, die Kreditinstitute gemäß der FinanzierungsVO an private Grundstückseigentümer zur Finanzierung von Baumaßnahmen ausgereicht hatten (vgl. § 7 Abs. 5 bis 7 der FinanzierungsVO).

Die Grundlage der rechtlichen Regelung der Aufbaugrundschuld sind folgende:

- Die Aufbaugrundschuld dient der Sicherung von Tilgungskrediten. Inhaber der Kreditforderung und der Aufbaugrundschuld ist stets ein Kreditinstitut. Eine Abtretung ist in keinem Falle erfolgt.
- Die Aufbaugrundschuld hat stets den Rang vor allen anderen im Grundbuch eingetragenen Belastungen. Sie wurde immer brieflos eingetragen.

  Für die gemäß § 7 Absätze 5 bis 7 der FinanzierungsVO eingetragenen Aufbaugrundschulden war die Erteilung eines Grundschuldbriefes zwar nicht durch Rechtsvorschriften ausgeschlossen worden. Der Ausschluß der Brieferteilung für diese Aufbaugrundschulden war jedoch regelmäßig zwischen dem Kreditinstitut und dem Kreditnehmer unter Verwendung entsprechender Formulare vereinbart worden.

- Der der Aufbaugrundschuld zugrunde liegende Tilgungskredit ist von seiten des Kreditinstituts unkündbar. Der Kredit ist in erster Linie aus den Einnahmen des Grundstückes zu verzinsen und zu tilgen. Wegen rückständiger Zinsen und Tilgungsraten kann sowohl in das belastete Grundstück und die Grundstückseinnahmen als auch in das sonstige Vermögen des Schuldners vollstreckt werden.
- Ist ein Grundstück mit einer Aufbaugrundschuld belastet und wegen der Verzinsung und Tilgung des der Aufbaugrundschuld zugrunde liegenden Kredits die Verzinsung anderer durch Grundpfandrechte gesicherter Forderungen aus den Einnahmen des Grundstücks nicht möglich, so gelten gemäß § 8 Abs. 1 der FinanzierungsVO diese Forderungen als gestundet.
  Diese Stundung erstreckt sich in der Regel auch auf grundbuchlich nicht gesicherte Forderungen, wenn diese im wirtschaftlichen Zusammenhang mit dem Grundstück stehen.
- Durch die Rückzahlung des einer Aufbaugrundschuld zugrunde liegenden Kredits entstand keine Eigentümergrundschuld (vgl. § 7 Abs. 7 der FinanzierungsVO).

Die Aufbaugrundschuld war damit etwa so rechtlich geregelt wie die vor dem Inkrafttreten des 1. Zivilrechtsänderungsgesetzes begründeten Aufbauhypotheken (vgl. dazu §§ 456–458 ZGB in der Fassung vom 19. 6. 1975).

Im Zivilgesetzbuch und dessen Folgebestimmungen ist das Rechtsinstitut „Aufbaugrundschuld" nicht mehr enthalten, so daß seit dem 1. 1. 1976 ein solches Grundpfandrecht nicht mehr begründet werden kann.

Baukredite wurden danach durch Aufbauhypotheken gesichert (vgl. dazu Rdnr 128)

151 **7.3.3. Das Vorkaufsrecht.** Dingliche Vorkaufsrechte wurden in der DDR meist für Pächter oder Mieter der betreffenden Grundstücke oder zugunsten von Grundstücksnachbarn begründet.

Der Erwerb des mit dem Vorkaufsrecht belasteten Grundstücks durch den Vorkaufsberechtigten bedarf – wie jeder vertragliche Erwerb eines in der DDR gelegenen Grundstücks – der staatlichen Genehmigung (vgl. § 2 Abs. 1 Buchst. a GVVO).

Aus § 6 Abs. 1 EGZGB folgt für die vor dem 1. Januar 1976 begründeten Vorkaufsrechte, daß die darüber getroffenen inhaltlichen Festlegungen weiterhin rechtswirksam sind. Wurde z. B. ein

Vorkaufsrecht für mehrere oder für alle Verkaufsfälle bestellt (vgl. § 1097 Halbsatz 2 BGB) bzw. die Vererbbarkeit und/oder Übertragbarkeit eines Vorkaufsrechts festgelegt (vgl. § 1098 Abs. 1 Satz 1 i.V.m. § 514 BGB), dann ist auch eine solche Vereinbarung weiterhin rechtswirksam.

Ein für alle Verkaufsfälle bestelltes Vorkaufsrecht bleibt somit im Falle des Verkaufs des Grundstücks auch dann weiter bestehen, wenn der Vorkaufsberechtigte sein Recht nicht ausübt oder wenn er die staatliche Genehmigung zum Erwerb des Grundstücks nicht erhält. Der § 307 Abs. 3 ZGB, der in solchen Fällen das Erlöschen des Vorkaufsrechts vorsieht, findet auf vor dem 1. 1. 1976 begründete Vorkaufsrechte nur dann Anwendung, wenn diese inzwischen gemäß § 6 Abs. 2 Satz 2 EGZGB an das Recht des Zivilgesetzbuches angepaßt worden sind.

Für die Ausübung der vor vom 1. 1. 1976 begründeten Vorkaufsrechte (Mitteilungspflicht des Eigentümers, Erklärung des Vorkaufsberechtigten, Erklärungsfrist, Wirkung der Erklärung) gilt dagegen nach überwiegender Meinung, daß sie gemäß der in § 307 Abs. 1 und 2 ZGB festgelegten Weise zu erfolgen hat. Das gleiche gilt für die sich aus § 309 ZGB ergebenden Rechte des Vorkaufsberechtigten, wenn ein anderer unter Nichtbeachtung des Vorkaufsrechts in das Grundbuch eingetragen worden ist. Die §§ 504 bis 510 sowie die §§ 1099 bis 1102 BGB finden, soweit sie die Art und Weise der Ausübung des Vorkaufsrechts und die Ansprüche des Vorkaufsberechtigten im Falle der Verletzung seines Rechts regeln, in der DDR keine Anwendung.

Für die rechtsgeschäftliche Übertragung (Abtretung) eines vor dem 1. 1. 1976 begründeten Vorkaufsrechtes auf einen anderen Bürger oder eine andere juristische Person gelten folgende Grundsätze:

- Eine Abtretung ist nur möglich, wenn das Vorkaufsrecht für eine bestimmte Person bestellt ist und bei der Begründung des Rechts eine Übertragung ausdrücklich zugelassen wurde (vgl. § 1098 Abs. 1 Satz 1 i.V.m. § 514 Satz 1 Halbsatz 2 BGB).
- Gemäß § 6 Abs. 2 Satz 2 EGZGB ist zu vereinbaren, daß für die sich aus dem Vorkaufsrecht ergebenden Rechte und Pflichten künftig die Bestimmungen des ZGB über das Vorkaufsrecht Anwendung finden.

  Nach der Abtretung ist das Vorkaufsrecht nicht mehr weiter übertragbar und nicht mehr vererblich (§ 306 Abs. 1 Satz 4 ZGB). Es erlischt künftig in den in § 307 Abs. 3 und § 308 ZGB genannten Fällen.

– Die Abtretung erfolgt durch Vertrag, der zwischen dem bisherigen und dem neuen Vorkaufsberechtigten zu schließen ist. Der Vertrag bedarf der Beglaubigung (§ 2 Abs. 3 Satz 1 sowie § 13 Satz 1 GBVerfO).
Da die Übertragung des Vorkaufsrechts auf einen anderen Berechtigten der Begründung eines neuen Vorkaufsrechts gleichkommt, bedarf die Abtretung in entsprechender Anwendung des § 2 Abs. 1 Buchstabe e GVVO auch der staatlichen Genehmigung. Das Vorkaufsrecht geht entsprechend § 306 Abs. 1 Satz 3 ZGB mit der Eintragung des neuen Berechtigten im Grundbuch auf diesen über.

Ein zugunsten des jeweiligen Eigentümers eines anderen Grundstücks bestelltes Vorkaufsrecht (§ 1094 Abs. 2 BGB) kann nicht selbständig, d. h. ohne das Eigentum an diesem anderen Grundstück, übertragen werden. Wird aber das andere Grundstück, zugunsten dessen jeweiligen Eigentümer das Vorkaufsrecht besteht, veräußert, so geht gleichzeitig mit dem Eigentum an diesem Grundstück auch das damit verbundene Vorkaufsrecht auf den neuen Grundstückseigentümer über. Ein solcher Übergang des Vorkaufsrechts stellt keine rechtsgeschäftliche Verfügung über das Recht im Sinne des § 6 Abs. 2 Satz 2 EGZGB dar. Es handelt sich vielmehr um eine rechtliche Nebenfolge der Veräußerung des anderen Grundstücks, dessen Bestandteil das Vorkaufsrecht ist (§ 96 BGB). Das Vorkaufsrecht geht daher inhaltlich unverändert auf den Erwerber des anderen Grundstücks über. Der Inhalt eines so übergegangenen Vorkaufsrechts wird somit weiterhin durch die §§ 1094 ff. BGB bestimmt. Für die Ausübung des Vorkaufsrechts und die Ansprüche des Vorkaufsberechtigten bei Nichtbeachtung seines Rechts finden jedoch ebenfalls § 307 Abs. 1 und 2 sowie § 309 ZGB entsprechende Anwendung.

152 **7.3.4. Das Erbbaurecht.** Die Rechtsvorschriften, durch die das Rechtsinstitut des Erbbaurechts geregelt war (die ErbbRVO bzw. die §§ 1012 bis 1017 BGB) sind seit dem 1. 1. 1976 durch § 15 Abs. 2 Abschnitt I Ziffer 11 bzw. Ziffer 1 EGZGB aufgehoben. Neue Erbbaurechte können deshalb zur Zeit nicht begründet werden. Der Erlaß eines neuen Erbbaurechtgesetzes ist jedoch geplant.

Für ein bestehendes Erbbaurecht sind die zwischen dem Erbbauberechtigten und dem Grundstückseigentümer im Erbbauvertrag getroffenen Vereinbarungen weiterhin verbindlich, soweit diese nicht später erlassenen Rechtsvorschriften widersprechen. Insoweit ist insbesondere § 5 Abs. 2 EGZGB zu beachten. (Der § 6

EGZGB findet auf Erbbaurechte keine Anwendung.) Danach sollen Erbbaurechte, die für eine bestimmte Zeit (in der Regel für 99 Jahre) bestellt worden sind, nach Ablauf dieser Zeit mit dem gleichen Inhalt weiterbestehen. Dem Grundstückseigentümer steht ein Heimfallrecht nicht mehr zu. Danach erlischt auch das Erbbaurecht, wenn das Grundstück an dem es besteht, an den Erbberechtigten verkauft wird. Diese Rechtsfolge tritt analog auch dann ein, wenn das betreffende Grundstück auf andere Weise als durch Kauf – etwa durch Schenkung, Überlassung oder Tausch – in das Eigentum des Erbbauberechtigten übergeht. Die Regelung des § 889 BGB, gemäß der in einem solchen Fall auch ein Erbbaurecht weiterhin Bestand hatte, ist daher insoweit nicht mehr anwendbar.

Für den Fall des Verkaufes des Grundstückes, das mit dem Erbbaurecht belastet ist, steht dem Erbbauberechtigten das Vorkaufsrecht zu (§ 5 Abs. 2 Satz 4 EGZGB). Auf dieses gesetzliche Vorkaufsrecht finden § 307 Abs. 1 und 2 sowie § 308 und § 309 ZGB Anwendung. Besteht das Erbbaurecht an einem volkseigenen Grundstück und wurde in Ausübung dieses Rechts ein Eigenheim errichtet, dann kann dem Erbbauberechtigten, sofern es sich um einen Bürger handelt, an diesem Grundstück ein Nutzungsrecht verliehen werden. Mit der Verleihung des Nutzungsrechts erlischt das Erbbaurecht (§ 5 Abs. 2 Satz 5 und 6 EGZGB, vgl. Rdnr. 48). Weiterhin bestehende Erbbaurechte stellen ihrem Wesen nach ein selbständiges Gebäudeeigentum an einem „fremden" Grundstück (vgl. § 295 Abs. 2 Satz 1 ZGB) dar.

Der Erbbauberechtigte ist Eigentümer der Bauwerke (Gebäude **153**
und baulichen Anlagen) sowie der Anpflanzungen, die sich auf dem Grundstück befinden, an dem das Erbbaurecht besteht. Weiterhin ist der Erbbauberechtigte berechtigter Besitzer und Nutzer dieses Grundstücks. Wird er bei der Ausübung seiner Besitz- und Nutzungsbefugnisse gestört, kann er gemäß § 328 ZGB Ansprüche auf Beseitigung und Unterlassung der Störungen geltend machen.

Wird dem Erbbauberechtigten das Eigentum am Gebäude, an den baulichen Anlagen, Anpflanzungen oder der Besitz und die Nutzung des Grundstücks ganz oder teilweise unberechtigt entzogen oder vorenthalten, dann stehen ihm Herausgabeansprüche gemäß § 33 ZGB zu.

Für das Gebäude und die baulichen Anlagen des Erbbauberechtigten sind die Bestimmungen über Grundstücke entsprechend anzuwenden (vgl. § 295 Abs. 2 Satz 2 ZGB). Das Erbbaurecht kann demzufolge auch mit Hypotheken oder Aufbauhypotheken belastet werden.

Die Einräumung eines Vorkaufsrechts und von Mitbenutzungsrechten ist ebenfalls zulässig.

Belastungen des Erbbaurechts, die bereits vor dem Inkrafttreten des Zivilgesetzbuches im Erbbaugrundbuch eingetragen worden waren, sind gemäß § 6 Abs. 1 EGZGB bestehen geblieben.

Das Erbbaurecht kann vom Erbbauberechtigten veräußert werden. Bei einer Veräußerung gehen das Eigentum am Gebäude, an den baulichen Anlagen und den Anpflanzungen sowie die Besitz- und Nutzungsbefugnis an dem mit dem Erbbaurecht belasteten Grundstück an den Erwerber über. Der Vertrag über die Veräußerung des Erbbaurechts bedarf der Beurkundung und der staatlichen Genehmigung. Er muß die unbedingte und unbefristete Erklärung des Veräußerers und des Erwerbers enthalten, daß das Erbbaurecht auf den Erwerber übergehen soll. Das Erbbaurecht – also das Eigentumsrecht am Gebäude, den baulichen Anlagen und den Anpflanzungen sowie die Besitz- und Nutzungsbefugnis am Grundstück – geht mit der Eintragung des Erwerbers im Grundbuch auf diesen über. Auch die für die Veräußerung von Grundstücken bestehenden Regelungen bezüglich des Erwerbs durch Ehegatten, der Auskunftspflicht des Veräußerers, der Garantie, der Kosten des Eigentumswechsels und bezüglich des Kaufpreises finden bei der Veräußerung von Erbbaurechten entsprechende Anwendung.

Eine zwischen dem Erbbauberechtigten und dem Grundstückseigentümer getroffene Vereinbarung, daß die Veräußerung und/oder Belastung des Erbbaurechts der Zustimmung des Grundstückseigentümers bedarf, ist gemäß § 5 Abs. 2 Satz 1 EGZGB weiterhin rechtswirksam. Wird jedoch die Zustimmung des Grundstückseigentümers zu einer Veräußerung oder Belastung des Erbbaurechts verweigert und widerspricht dieses Verhalten des Grundstückseigentümers den Grundsätzen von Treu und Glauben (§ 15 Abs. 2 ZGB in aktueller Fassung), so kann der Grundstückseigentümer auf eine entsprechende Klage des Erbbauberechtigten verurteilt werden, der Veräußerung oder Belastung zuzustimmen. Die Zustimmung gilt mit der Rechtskraft des Urteils als erteilt (vgl. § 129 Abs. 1 Satz 1 ZPO).

8. Das Grundbuch und das Verfahren in Grundbuchsachen

Literatur:
G. Straub: Die staatliche Grundstücksdokumentation, NJ 1976, Heft 14, S. 422;
G. Janke/H. Menzke: Das Erbbaurecht und die vor Inkrafttreten des ZGB in das Grundbuch eingetragenen Vormerkungen, Widersprüche und Vermerke, NJ 1989, Heft 9, S. 359;
G. Janke: Der gutgläubige Erwerb von Grundstücken, NJ 1990, Heft 9, S. 407.

8.1. Die Entwicklung des Grundbuchwesens in der DDR

Bis zum Jahre 1952 wurde in der DDR das Grundbuch bei den Amtsgerichten als Grundbuchämtern geführt. Die Organisation des Grundbuchwesens entsprach bis dahin im wesentlichen dem System, das bis zum Jahre 1945 in Deutschland bestanden hatte. Im Zusammenhang mit der **Übertragung** der Angelegenheiten der **Freiwilligen Gerichtsbarkeit** ging die Führung des Grundbuches in die Zuständigkeit der Räte der Kreise, Abteilung Kataster, über (vgl. § 4 der VO über die Übertragung der Angelegenheiten der Freiwilligen Gerichtsbarkeit vom 15. 10. 1952, GBl. Nr. 146, S. 1057). Dadurch wurde die Grundbuchführung vereinfacht. Die Bestandsverzeichnisse der Grundbücher fielen weg. Sie wurden durch die Bestandsblätter der Liegenschaftskartei des Katasters, welche die Funktion der bisherigen Bestandsverzeichnisse mit übernahmen, ersetzt. Ferner wurden Grundbuchhefte angelegt, die an die Stelle der in festen Bänden zusammengefaßten Grundbuchblätter traten. Die bei den Grundakten befindlichen Handblätter wurden danach nicht mehr fortgeführt. 154

Jetzt wird das Grundbuch von den Liegenschaftsdiensten der Räte der Bezirke geführt (§ 5 GDO). Diese im Jahre 1965 gebildeten Behörden der inneren Verwaltung unterhalten in den Kreisen Außenstellen bzw. Arbeitsgruppen, die als Grundbuchbehörden mit fungieren. Die Aufgaben der Räte der Bezirke sind nach deren Auflösung im Mai 1990 auf die Bezirksverwaltungsbehörden, die bis zur Bildung der neuen Länder der DDR tätig sein werden, übergegangen. Die Rückübertragung der Führung des Grundbuches auf die Gerichte ist im Gespräch.

8.2. Das Grundbuch

155 **8.2.1. Einrichtung und Führung des Grundbuches.** Auf Grund der unterschiedlichen Eigentumsstrukturen an Grundstücken und Gebäuden in der DDR werden Grundbuchblätter für Grundstücke und Gebäudegrundbuchblätter für solche Gebäude geführt, an denen gemäß spezieller Rechtsvorschriften selbständige Eigentumsrechte bestehen (vgl. § 295 Abs. 2 ZGB) und zusätzlich Buchungspflicht für sie festgelegt ist (§ 1, 16 GDO). Noch bestehende Erbbaurechte werden in Erbbaugrundbuchblättern nachgewiesen. Die genannten Grundbuchblätter sind das Grundbuch im Sinne der Rechtsvorschriften. Der Begriff des Grundbuchheftes ist durch den des Grundbuchblattes wieder ersetzt worden.

Das Grundbuch wird für alle in derselben Gemeinde gelegenen Grundstücke und das Gebäudegrundbuchblatt für alle dort gelegenen buchungspflichtigen Gebäude eingerichtet. Entsprechendes gilt für das Erbbaugrundbuch.

Jedes Grundstück in einer Gemeinde (Nachweisbereich, früher Grundbuchbezirk genannt) erhält ein Grundbuchblatt und jedes buchungspflichtige Gebäude ein Gebäudegrundbuchblatt. Das gleiche gilt für Erbbaurechte. Abweichend von diesem Realfoliensystem kann für mehrere in einer Gemeinde gelegene Grundstücke ein gemeinschaftliches Grundbuchblatt geführt werden, wenn sie dem gleichen Eigentümer gehören oder bei volkseigenen Grundstücken einem Rechtsträger zugeordnet sind (Prinzip des Personalfoliums). Hier muß gewährleistet sein, daß die grundbuchlichen Eintragungen eindeutig und übersichtlich sind. Im gemeinschaftlichen Grundbuchblatt erhält ein jedes der mehreren Grundstücke eine besondere, mit fortlaufenden Nummern versehene Stelle.

156 **8.2.2. Einteilung und Inhalt des Grundbuches.** Das Grundbuch wird in Karteiform geführt. Jedes Grundbuchblatt, Gebäudegrundbuchblatt und Erbbaugrundbuchblatt wird in 4 Abteilungen untergliedert, und zwar in
Abteilung 0 – Bestand –
Abteilung 1 – Eigentum –
Abteilung 2 – Nutzungs- und Erwerbsrechte – und
Abteilung 3 – Hypotheken –.

Die Abteilungen 2 und 3 werden jeweils nur angelegt, wenn in ihnen Eintragungen vorgenommen werden müssen, z. B. bei Bestellung einer Hypothek. In der Abteilung 1 muß mit vermerkt werden, ob die Abteilungen 2 und 3 angelegt sind oder nicht. Für alle 4 Abteilungen der verschiedenen Grundbuchblätter gibt es für ihre äußere und inhaltliche Gestaltung verbindliche Muster.

Die **Abteilung 0** des Grundbuchblattes dient dem Nachweis der Grundstücke, die einem Eigentümer gehören oder bei Volkseigentum einem Rechtsträger zugeordnet sind. Die Grundstücke werden hier nach ihren wesentlichen Merkmalen beschrieben.

In dieser Abteilung werden insbesondere nachgewiesen:
- die Nummer des Grundstücks und der zu seinem Bestand zählenden Flurstücke nach Nutzungsart und Flächeninhalt (Größe in Quadratmetern);
- die Gemarkung und die Nummer der ihr zugeordneten Flur, in der die Flurstücke des Grundstücks liegen;
- in Bebauungsgebieten zusätzlich die Lagebezeichnung (Adresse) des Grundstücks bzw. der zu ihm gehörenden Flurstücke.

Die Abteilung 0 ist an die Stelle der früheren Bestandsblätter des Liegenschaftskatasters, auf die das Grundbuch nach der Integration mit dem Kataster zurückgeführt worden ist, getreten.

Die Abteilung 0 des Gebäudegrundbuchblattes dient dem Nachweis der Gebäude, an denen ein vom bebauten Grundstück unabhängiges Eigentumsrecht (vgl. § 295 Abs. 2 ZGB) besteht. In dieser Abteilung wird das „Gebäude“ und das Grundstück mit dem Flurstück, auf dem es errichtet ist oder noch gebaut wird, genau bezeichnet; bei einem volkseigenen Grundstück wird auch dessen Rechtsträger angegeben. In der Abteilung 0 des Erbbaugrundbuchblattes werden das „Erbbaurecht“ als solches und das mit ihm belastete Grundstück und dessen jeweiliger Eigentümer eingetragen.

Die **Abteilungen 1** von Grundbuchblatt, Gebäudegrundbuch- **157**
blatt und Erbbaugrundbuchblatt enthalten Angaben zum Eigentümer des Grundstücks oder des Gebäudes bzw. zum Erbbauberechtigten. Eigentümer und Erbbauberechtigte können natürliche und juristische Personen sein. Ist das Grundstück noch „Eigentum des Volkes“, muß auch der Rechtsträger mit vermerkt sein (§ 2 Abs. 1 GDO).

Bei in gemeinschaftlichem Eigentum stehenden Grundstücken oder Gebäuden sind bei einer Miteigentumsgemeinschaft die Anteile der Miteigentümer und bei einer Gesamteigentumsgemeinschaft das Rechtsverhältnis der Gesamteigentümer mit anzugeben, z. B. Eigentumsgemeinschaft der Ehegatten oder Erbengemeinschaft (§ 34 Abs. 2, 42, 299 und 400 ZGB). Gemeinschaftliche Berechtigungen an Erbbaurechten sind analog nachzuweisen.

In den Abteilungen 1 werden ferner u. a. nachgewiesen:

- Widersprüche gegen die Richtigkeit des Grundbuches, soweit sie das Eigentum oder die Erbbauberechtigung betreffen (§ 14, 16 GDO, § 18 GBVerfO);
- Vermerke über den Inhalt oder die Ausübung des Eigentums, soweit sie rechtlich zulässig sind, z. B. solche über
  - die Anordnung einer Nachlaßverwaltung (§ 26 GBVerfO),
  - die Pfändung des Grundstücks oder Gebäudes im gerichtlichen Verkaufsverfahren bzw. im Zwangsversteigerungsverfahren (vgl. Randnummer 130)
  - die Anordnung einer Gesamtvollstreckung.

158 Die **Abteilungen 2** der verschiedenen Grundbuchblätter dienen dem Nachweis der an einem Grundstück, Gebäude oder Erbbaurecht bestehenden Nutzungs- und Erwerbsrechte. Bei einem volkseigenen Recht ist auch der Rechtsträger als Berechtigter nachzuweisen. In Abteilung 2 werden eingetragen:

- staatliche verliehene Nutzungsrechte an volkseigenen Grundstücken (§ 4 Abs. 3 Gesetz über die Verleihung von Nutzungsrechten an volkseigenen Grundstücken);
- Vorkaufsrechte an Grundstücken, Gebäuden oder Erbbaurechten (§ 306 Abs. 1 ZGB);
- Wege oder Überfahrtsrechte, wenn die grundbuchliche Eintragung dieser Mitbenutzungsrechte mit dem Eigentümer des betroffenen Grundstücks, Gebäudes oder mit dem Erbbauberechtigten vereinbart worden ist (§ 322 Abs. 1 ZGB).

Die Rechte sind nach ihrer Art und ihrem Umfang, wenn erforderlich auch nach weiteren Merkmalen und dem Berechtigten zu bezeichnen, z. B. Wegerecht für den jeweiligen Eigentümer eines bestimmten Grundstücks (§ 322 Abs. 2 ZGB). Bei einer möglichen gemeinschaftlichen Berechtigung ist auch das Rechtsverhältnis anzugeben, z. B. Erbengemeinschaft.

159 Die Abteilungen 3 der verschiedenen Grundbuchblätter dienen dem Nachweis der am Grundstück, Gebäude oder Erbbaurecht bestehenden Hypotheken. Bei volkseigenen Hypotheken ist zugleich deren Rechtsträger als Gläubiger nachzuweisen.

In Abteilung 3 werden eingetragen:

- Hypotheken und Aufbauhypotheken (§§ 452 ff, 456 ff. ZGB);
- Rang-, Abtretungs- und Pfändungsvermerke.

Die Hypotheken werden nach ihrem Nennbetrag in Mark der in der DDR geltenden Währung, der Höhe ihrer Zinsen, der Art des

Rechts, ihrem Gläubiger und gegebenenfalls weiteren Merkmalen im Eintragungstext gekennzeichnet. Bei einer Mehrheit von Gläubigern wird auch ihr Rechtsverhältnis zueinander vermerkt, z. B. zu gleichen Anteilen.

In den **Abteilungen 2 und 3** können ferner
- Widersprüche gegen die Richtigkeit des Grundbuches, z. B. wegen Nachweises eines unzulässigen Rechts, und
- Vermerke über den Inhalt und die Ausübung eines Rechts, z. B. Verfügungsverbot bezüglich einer Hypothek infolge einer angeordneten Nachlaßverwaltung,

eingetragen werden.

Bei jeder Eintragung von Rechten in die Abteilungen 1 bis 3 ist der Rechtsgrund für ihren Nachweis im Grundbuch mit zu bezeichnen (z. B. Antrag, Ersuchen, Erbschein, Testament oder Vertrag vom ...) und das Eintragungsdatum auf den Tag genau anzugeben.

8.2.3. Nachweis altrechtlicher Grundstücksbelastungen im 160
Grundbuch. Vor dem Inkrafttreten des ZGB konnten Grundstücksrechte (sog. dingliche Rechte) begründet werden, die im aufgehobenen BGB geregelt waren. Derartige dingliche Rechte sind vielfach noch in Grundbuch-, Gebäudegrundbuch- oder Erbbaugrundbuchblättern eingetragen. Es handelt sich dabei um
- in der Abteilung 2 eingetragene Grunddienstbarkeiten, Nießbräuche, beschränkte persönliche Dienstbarkeiten, alte Vorkaufsrechte, Reallasten und Erbbauzinse (§ 1018 ff., 1030 ff., 1090 ff., 1094 ff., 1105 ff. BGB, § 9 ErbbRVO) und
- in der Abteilung 3 verlautbarte Grundpfandrechte:
  - Brief- oder Buchhypotheken, Sicherungshypotheken und Höchstbetragshypotheken (vgl. §§ 1113 ff., 1116, 1184, 1190 BGB);
  - Grundschulden und Rentenschulden mit oder ohne Briefbildung (§ 1191, 1192, 1199 BGB),
  - Aufbaugrundschulden (vgl. Rdnr 150).

Diese alten Grundstücksbelastungen sind häufig noch in den in Heftform geführten Grundbuch-, Gebäudegrundbuch- bzw. Erbbaugrundbuchblättern eingetragen. Bei der Umschreibung dieser Grundbuchblätter in das in Karteiform geführte Grundbuch werden noch bestehende dingliche Rechte entsprechend ihrem aktuellen rechtserheblichen Inhalt übernommen. Die in der bisherigen 2. Abteilung „Lasten und Beschränkungen" eingetragenen Belastungen werden in die Abteilung 2 „Nutzungs- und Erwerbsrechte“ umgeschrieben, ausgenommen jene, die nunmehr in der Abteilung 1 „Eigentum“ mit nachgewiesen werden müssen, wie z. B. Verfügungsbeschränkungen, die sich auf das Eigentum an einem Grundstück oder Gebäude bzw. auf das Erbbaurecht beziehen. Die in der bisherigen 3. Abteilung „Hypotheken, Grundschulden, Rentenschulden“ eingetragenen Grundpfandrechte werden bei der Umschreibung des Grundbuches in der Abteilung 3 „Hypotheken“ nachgewiesen.

8.3. Das Verfahren in Grundbuchsachen

161 **8.3.1. Prinzipien des Grundbuchverfahrens.** Das Grundbuchverfahren wird von Prinzipien beherrscht, die sich aus den Zivil- und Verfahrensrechtsvorschriften ableiten. Sie tragen im Grundstücksverkehr und bei der Grundbuchführung erheblich zur Rechtssicherheit bei. Es sind dies das Publizitäts-, das Konsens-, das Eintragungs-, das Legalitäts-, das Spezialitäts- und das Prioritätsprinzip.

Das materielle **Publizitätsprinzip** geht von der Richtigkeit der im Grundbuch eingetragenen Eigentums- und weiteren Grundstücksrechte und ferner davon aus, daß diese dinglichen Rechte nicht mehr bestehen, wenn sie im Grundbuch gelöscht worden sind (§§ 7, 9, 16 GDO). Diese angenommene (vermutete) Richtigkeit des Grundbuches gilt jedoch nicht, wenn dagegen ein Widerspruch eingetragen ist (§ 8 Abs. 1 Satz 2 GDO); dieser schließt den sog. öffentlichen Glauben des Grundbuches aus. Der gutgläubige rechtsgeschäftliche Erwerber eines Grundstücks, Gebäudes oder eines sonstigen erwerbsfähigen Grundstücksrechts, der sich auf den Grundbuchinhalt verläßt, wird geschützt (§ 8 Abs. 1 und 2, 9, 16 GDO). Ein gutgläubiger Erwerb von Volkseigentum oder anderem gesellschaftlichen (sozialistischen) Eigentum war bis zum 1. 7. 1990 ausgeschlossen (vgl. § 8 Abs. 1 Satz 3 GDO in der ursprünglichen Fassung vom 6. 11. 1975; Satz 3 wurde aufgehoben durch das 1. Zivilrechtsänderungsgesetz vom 28. 6. 1990). Formell besagt das Publizitätsprinzip, daß Personen in Übereinstimmung mit den Rechtsvorschriften Einsicht in das Grundbuch zu gewähren ist (vgl. dazu Rdnr. 167).

Das materielle **Konsensprinzip** verlangt für die Begründung von Eigentums- und anderen Grundstücksrechten eine vertragliche Einigung. So müssen in einem Grundstückskauf- oder einem anderen Grundstückserwerbsvertrag die Vertragspartner übereinstimmend mit erklären, daß das Eigentum am Grundstück auf den

Erwerber übergehen soll (§ 297 Abs. 1 ZGB). Die Auflassung (§ 925 BGB), die ein abstrakter dinglicher Vertrag ist, gibt es in der DDR seit dem Inkrafttreten des ZGB nicht mehr. Nach dem formellen Konsensprinzip ist eine Eintragung im Grundbuch schon dann vorzunehmen, wenn der Berechtigte ihr in beglaubigter Form zustimmt und die Eintragung beantragt wird. Das trifft allgemein für die Löschung von sonstigen Rechten an Grundstücken zu (§ 15 Abs. 1 GBVerfO). Im Gegensatz zum früheren Recht gilt das formelle Konsensprinzip nicht mehr bei der Begründung von sonstigen Grundstücksrechten: dem Vorkaufsrecht (§ 306 ZGB), den Wege- und Überfahrtsrechten (§§ 321, 322 ZGB) und der Hypothek (§ 453 Abs. 1 ZGB). Hier müssen dem Grundbuchführer die entsprechenden (beglaubigten und – soweit eine staatliche Genehmigung erforderlich ist – auch staatlich genehmigten) Verträge mit vorgelegt werden (vgl. auch § 1 Abs. 2 Buchstabe c GBVerfO).

Nach dem materiellen **Eintragungsprinzip** entsteht ein vertraglich vereinbartes Grundstücksrecht erst mit dessen Eintragung im Grundbuch. Diese Eintragung hat rechtsbegründende (konstitutive) Wirkung, so z. B. beim Eigentumswechsel an einem Grundstück, der Einräumung eines Vorkaufsrechtes oder der Bestellung und Abtretung einer Hypothek (§§ 297 Abs. 2, 306 Abs. 1, 453 Abs. 1 und 454 Abs. 3 ZGB). Das formelle Eintragungsprinzip verlangt hingegen, daß alle Rechtsänderungen, die kraft Gesetzes bereits eingetreten sind, nachträglich in das Grundbuch eingetragen werden müssen, um dieses dadurch der wirklichen Rechtslage anzupassen. Diese zur Grundbuchberichtigung erfolgenden Eintragungen haben lediglich rechtserklärende (deklaratorische) Bedeutung, z. B. bei der Eintragung der Erben eines verstorbenen Berechtigten.

Das materielle **Legalitätsprinzip** fordert, daß der Grundbuchführer vor der Eintragung prüft, ob der eingereichte Grundstücksveräußerungsvertrag zivilrechtlich voll gültig ist, um die von den Vertragspartnern beabsichtigte Eigentumsveränderung am Grundstück zu erreichen. Enthält z. B. ein (beurkundeter und staatlich genehmigter) Grundstücksvertrag nicht die nach § 297 Abs. 1 ZGB erforderliche unbedingte und unbefristete Erklärung des Verkäufers und des Käufers, daß das Eigentum an dem Grundstück auf den Erwerber (Käufer) übergehen soll, fehlt ihm ein wesentliches rechtliches Element zur grundbuchlichen Durchführbarkeit. Entsprechendes gilt für Verträge über die Veräußerung von Gebäuden oder Erbbaurechten. Nach dem formellen Legalitätsprinzip sind an Hand der vorliegenden Eintragungsunterlagen die gesamten Voraussetzungen der grundbuchlichen Eintragung zu prüfen; so u. a. die Eintragungsfähigkeit des Rechts, die Handlungsfähigkeit (Geschäftsfähigkeit) der Beteiligten sowie Form und grundbuchrechtlich relevanter Inhalt der Erklärungen.

Das materielle **Spezialitätsprinzip** verlangt, daß Grundstücke oder Gebäude, an denen Eigentumsrechte begründet oder übertragen werden sollen, genau und unverwechselbar in den Veräußerungsverträgen bezeichnet und beschrieben werden. Entsprechendes gilt für die vertragliche Begründung oder Übertragung anderer dinglicher Rechte sowie für einseitige Erklärungen, die eine Eintragung in das Grundbuch bezwecken, z. B. für die Löschung von Hypotheken. Formell erfordert das Spezialitätsprinzip, daß aus dem Grundbuch eindeutig ersichtlich sein muß, auf welches Grundstück oder Gebäude sich das Eigentumsrecht oder ein anderes dingliches Recht, z. B. ein Vorkaufsrecht, erstreckt und wer im konkreten Fall die Berechtigten sind.

Das **Prioritätsprinzip** geht davon aus, daß ein früher gestellter Eintragungsantrag vor einem später gestellten Antrage zu erledigen ist (vgl. § 8 Abs. 2 GBVerfO). Dieses Prinzip beeinflußt entscheidend die Rangverhältnisse von dinglichen Rechten, insbesondere von Hypotheken. Es gilt nicht, wenn durch Gesetz einem Grundstücksrecht der Vorrang eingeräumt ist, wie z. B. der Aufbauhypothek (§ 456 Abs. 3 ZGB).

162 **8.3.2. Eintragungen in das Grundbuch.** Jede Eintragung in das Grundbuch, zu der auch die Löschung von Rechten zählt, ist von dem mit der Führung des Grundbuches beauftragten Mitarbeiter des Liegenschaftsdienstes (Grundbuchführer) vorzunehmen und von ihm zu unterschreiben. Es gibt endgültige und vorläufige Eintragungen. Zu den letzteren gehören die Widersprüche gegen die Richtigkeit des Grundbuches. Vormerkungen können nach dem Recht der DDR nach der Aufhebung von BGB und GBO nicht mehr als Eintragungen vorläufiger Art vorgenommen werden.

Eine Eintragung erfolgt in der Regel nur auf Grund eines (zumindest) schriftlich gestellten **Antrages** des Eigentümers oder des sonstigen Berechtigten (§ 2 Abs. 1, § 4 GBVerfO). Staatliche Behörden können Ersuchen auf Eintragungen stellen, wenn sie dazu durch Rechtsvorschriften ermächtigt sind (§ 5 GBVerfO). Notare gelten nicht mehr ermächtigt, im Namen eines Antragsberechtigten eine Eintragung zu beantragen (wie das früher § 15 der aufgehobenen GBO zuließ), sondern benötigen dafür eine schriftliche

Vollmacht (§ 57 Abs. 2 Satz 1 ZGB i.V.m. § 2 Abs. 1 GBVerfO). Der Grundbuchführer hat nach Eingang des Antrages oder des Ersuchens zu prüfen, ob die rechtlichen Voraussetzungen für die Eintragung in das Grundbuch gegeben sind. Sie leiten sich jeweils aus dem Gesetz oder anderen Rechtsvorschriften ab (§ 1 Abs. 3 GBVerfO).

Die **Prüfung** erstreckt sich u. a. auf:

- die Eintragungs- oder die Übertragungsfähigkeit des Rechts. So können z. B. vereinbarte Wohnrechte auf Lebenszeit seit Geltung des ZGB nicht mehr als „dingliche Rechte" bestellt und Vorkaufsrechte nach § 306 Abs. 1 Satz 4 ZGB nicht übertragen werden;
- die Rechtsfähigkeit, die Handlungsfähigkeit (Geschäftsfähigkeit) und die Identität der beteiligten Personen sowie ihre Verfügungsbefugnis oder Vertretungsmacht;
- den Inhalt und die Form der Rechte begründenden, ändernden oder aufhebenden Verträge und Vereinbarungen sowie einseitiger für die Eintragung oder Löschung von Rechten erforderlicher Erklärungen (§§ 10, 13, 15 und 16 Abs. 2 Satz 2 GBVerfO);
- den Nachweis ehelicher Vermögensverhältnisse oder der Erbfolge (§ 23, 24 GBVerfO) und
- weitere Eintragungsvoraussetzungen, unter denen die staatliche Genehmigung im Verkehr mit Grundstücken nach der GVVO besonders hervorzuheben ist.

Alle **Entscheidungen,** die im Grundbuchverfahren zu treffen sind, hängen von dem Ergebnis der Prüfung der Eintragungsunterlagen ab. **163**

Dem Eintragungsantrage wird stattgegeben, wenn die beantragte Eintragung zulässig ist und die für den konkreten Fall erforderlichen rechtlichen Voraussetzungen nach Inhalt und Form nachgewiesen sind (§ 8 Abs. 1, § 2 Abs. 1 und 3 GBVerfO). Der Antragsteller ist von der Eintragung schriftlich zu informieren. Die sonstigen Berechtigten (z. B. Hypothekengläubiger) erhalten eine entsprechende Mitteilung (§ 8 Abs. 6 GBVerfO).

Ist die Eintragung unzulässig, muß der Antrag zurückgewiesen werden (§ 8 Abs. 3 GBVerfO). Unzulässig wäre z. B. die Eintragung der Besitz- und Nutzungsbefugnis eines Mieters (vgl. dazu auch § 19 GBVerfO). Unzulässig wäre auch ein Eintragungsantrag, wenn seine Erledigung an einen Vorbehalt geknüpft ist (§ 6 Abs. 1 GBVerfO).

Sind Eintragungsunterlagen nur unvollständig, werden Anträge erst zurückgewiesen, wenn der Antragsteller bei leicht behebbaren

Mängeln (Hindernissen) durch **Zwischenbescheid** vergeblich aufgefordert worden ist, diese binnen einer unangemessenen Frist zu beheben (§ 8 Abs. 4 GBVerfO) z. B. durch Nachreichung des Briefes für eine zu löschende Grundschuld oder eines Erbscheines. Das gleiche gilt, wenn Anträge und weitere Eintragungsunterlagen rechtlichen Erfordernissen noch nicht voll entsprechen, z. B. die Zustimmung (Bewilligung) des Gläubigers zur Löschung seiner Hypothek nicht beglaubigt ist (§ 15 Abs. 1 GBVerfO). Die Fristen zur Beseitigung von Eintragungshindernissen können auf Antrag verlängert werden.

Eintragungsanträge kann der Antragsteller durch beglaubigte Erklärung gegenüber der Grundbuchbehörde zurücknehmen. Die **Zurücknahme** setzt voraus, daß die beantragte Eintragung noch nicht vorgenommen worden ist. Das Rücknahmerecht des Antragstellers darf außerdem vertraglich weder eingeschränkt noch ausgeschlossen sein (§ 9 Abs. 1 GBVerfO).

Zwischenbescheide zur Behebung von Eintragungshindernissen und Entscheidungen über die Zurückweisung von Eintragungsanträgen sind den Antragstellern unter Angabe der Rechtsgründe schriftlich bekanntzumachen. Zurückweisungsentscheidungen bedürfen außerdem einer **Rechtsmittelbelehrung** (§ 8 Abs. 5, 30 GBVerfO).

164 **8.3.3. Grundbuchberichtigung und Widerspruch.** Das Grundbuch kann unrichtige Eintragungen enthalten, woraus sich beachtliche Nachteile für die Beteiligten ergeben können. Die Unrichtigkeit des Grundbuches kann sich aus den Auswirkungen ehelicher Vermögensbeziehungen, dem Eintritt von Erbfällen, der Nichterfüllung oder Nichtigkeit von Verträgen ergeben, aber auch auf einem Versehen des Grundbuchführers beruhen. Die **Grundbuchberichtigung** ist daher geboten.

Der wirkliche Eigentümer eines Grundstücks oder Gebäudes, dessen Recht nicht oder nicht richtig im Grundbuch eingetragen ist, kann daher dessen Berichtigung beantragen (§ 13 Abs. 1 GDO). Das setzt voraus, daß der unrechtmäßig oder unrichtig eingetragene Eigentümer der Berichtigung des Grundbuches zustimmt. Er ist verpflichtet, auf Verlangen des Antragstellers der Berichtigung zuzustimmen (§ 13 Abs. 2 u. 3 GDO). Die Zustimmungserklärung kann notfalls eingeklagt werden. Antrag und Zustimmung (Bewilligung) müssen beglaubigt sein (§ 17 Abs. 1 GBVerfO). Entsprechend ist bei unrichtig eingetragenen sonstigen Grundstücksrechten (dinglichen Rechten) zu verfahren (15, 16

GDO). Der Anspruch auf Berichtigung des Grundbuches verjährt nicht (§ 13 Abs. 4 GDO).

Eine Zustimmung zur Grundbuchberichtigung ist nicht erforderlich, wenn die Unrichtigkeit des Grundbuches und die wirkliche Rechtslage entsprechend den rechtlichen Erfordernissen nachgewiesen sind (§ 13 Abs. 2, 15 GDO, § 17 Abs. 1 Satz 2 GBVerfO), z. B. durch ein rechtskräftiges Urteil, durch das bei Beendigung der Ehe im gerichtlichen Verfahren zur Verteilung des gemeinschaftlichen Eigentums und Vermögens einem der bisherigen Ehegatten das Alleineigentum am Eigenheim oder einer Hypothek zugeteilt worden ist (§ 39 Abs. 3 Satz 1 FGB; § 1 Abs. 1, § 2 Abs. 4 GBVerfO). Der Antrag auf Berichtigung bedarf in diesen Fällen keiner Beglaubigung. Die Grundbuchbehörde kann den Erben eines verstorbenen Grundstückseigentümers auffordern, binnen einer angemessenen Frist die Berichtigung des Grundbuches herbeizuführen (§ 17 Abs. 4 GBVerfO). Die gleiche Aufforderung kann sie an Erben eines verstorbenen eingetragenen Gebäudeeigentümers oder eines Erbbauberechtigten richten, an einen Testamentsvollstrecker, dem die Verwaltung des Nachlaßgrundstücks obliegt, an den Nachlaßpfleger oder an den Nachlaßverwalter. Erzwingbar (etwa durch Zwangsgelder) ist die Grundbuchberichtigung nicht.

Das Grundbuch kann von der Grundbuchbehörde jedoch von Amts wegen berichtigt werden, wenn seine Unrichtigkeit und die wirkliche Rechtslage nachgewiesen sind. Von der Berichtigung werden die Beteiligten durch einen mit Rechtsgründen versehenen Bescheid informiert (§ 17 Abs. 3 GBVerfO). Dieses Verfahren wird nur in Ausnahmefällen genutzt.

Zur Berichtigung des Grundbuches trägt auch die Festlegung bei, daß grundsätzlich eine Eintragung nur vorgenommen werden soll, wenn der davon in seinem Rechte unmittelbar Betroffene selbst im Grundbuch eingetragen ist (§ 22 GBVerfO). Will z. B. der Erbe eines verstorbenen Grundstückseigentümers von dem geerbten Grundstück nur einen Teil veräußern, muß er sich zuvor als Eigentümer in das Grundbuch eintragen lasssen, wenn dessen Berichtigung unterblieben war. Veräußert der Erbe hingegen das Nachlaßgrundstück insgesamt, ist seine vorhergehende Eintragung als Eigentümer im Grundbuch nicht erforderlich (§ 22 Satz 2 GBVerfO). Das Grundbuch kann auch dadurch unrichtig geworden sein, daß ein Recht an einem Grundstück nicht (mehr) besteht oder aus tatsächlichen oder rechtlichen Gründen nicht ausgeübt werden kann. Derartige gegenstandslose Eintragungen sind zu löschen. Die Löschung kann, wenn ein Antrag nicht vorliegt, auch von Amts wegen erfolgen. Das setzt voraus, daß die Gegenstandslosigkeit in beglaubigter Form nachgewiesen wird (§ 20 GBVerfO). Kann die Gegenstandslosigkeit nicht in dieser Form nachgewiesen werden, wird die gegenstandslose Eintragung gelöscht, wenn die Beteiligten, der ihnen von der Grundbuchbehörde bekanntgegebenen Löschungsankündigung nicht widersprochen oder diese erfolglos mit der Beschwerde angefochten haben (§ 21 GBVerfO).

165 Ist das Grundbuch unrichtig oder bestehen begründete Zweifel an seiner Richtigkeit, kann ein Widerspruch eingetragen werden (§ 14 Abs. 1 GDO, § 18 Abs. 1 GBVerfO). **Widersprüche,** die sich **gegen die Richtigkeit des Grundbuches** richten, gelten als sonstige Rechte am Grundstück (§ 3 Abs. 2 GDO). Ihre Eintragung ist von dem eingetragenen Eigentümer oder dem sonstigen dinglich Berechtigten und dem anderen Beteiligten, der das eingetragene Recht für sich beansprucht, gemeinsam zu beantragen (§ 14 Abs. 2, 15 Abs. 1 GDO). Der Antrag muß beglaubigt sein (§ 18 Abs. 1 GBVerfO).

Verweigert der eingetragene Eigentümer oder sonstige dinglich Berechtigte seine Mitwirkung, kann der Widerspruch auf einseitigen Antrag des anderen Beteiligten eingetragen werden, wenn er eine darauf gerichtete gerichtliche Entscheidung vorlegt, z. B. eine einstweilige Anordnung (§ 14 Abs. 3, § 15 Abs. 1 GDO, § 18 Abs. 1 GBVerfO, § 16ff. ZPO).

Hat der Grundbuchführer unter Verletzung von Rechtsvorschriften eine Eintragung vorgenommen, durch die das Grundbuch unrichtig geworden ist, muß von Amts wegen ein Widerspruch gegen die Richtigkeit des Grundbuches eingetragen werden (§ 18 Abs. 2 GBVerfO), z. B. bei Eintragung von Erben als Miteigentümer. Erweist sich eine Eintragung als unzulässig, ist sie von Amts wegen zu löschen (§ 19 GBVerfO), z. B. das Nutzungsrecht eines Mieters.

Ein Widerspruch gegen die Richtigkeit des Grundbuches ist 2 Jahre nach seiner Eintragung von Amts wegen zu löschen. Ist zu dieser Zeit ein Rechtsstreit wegen des Eigentums oder eines sonstigen Rechts an einem Grundstück oder Gebäude anhängig, kann die Frist für die **Löschung des Widerspruchs** durch gerichtliche Entscheidung verlängert werden (§ 14 Abs. 4, 15 Abs. 1 GBVerfO). Von Amts wegen eingetragene Widersprüche (vgl. § 18 Abs. 2 GBVerfO) werden nicht nach Ablauf von zwei Jahren nach ihrer Eintragung gelöscht, sondern erst bei Berichtigung des Grundbuches.

8.3.4. Beschwerdeverfahren. Gegen Entscheidungen in Grundbuchsachen kann der von ihr Betroffene binnen 4 Wochen nach ihrem Zugang **Beschwerde** führen. Die mit Gründen zu versehende Beschwerdeschrift ist bei der Grundbuchbehörde einzulegen, welche die Entscheidung getroffen hat (§ 29 Abs. 1, 30 Abs. 1, 31 Abs. 1 GBVerfO). Beschwerdeberechtigt ist ein Antragsteller nicht, dessen Antrage entsprechend die Eintragung im Grundbuch vorgenommen worden ist (§ 30 Abs. 2 GBVerfO). Handelt es sich bei der Entscheidung um eine bereits vorgenommene Grundbucheintragung, kann mit der Beschwerde nur verlangt werden, 166

- einen Widerspruch gegen die Richtigkeit des Grundbuches einzutragen oder
- eine Eintragung als unzulässig zu löschen

(§ 29 Abs. 2 GBVerfO). In diesen Fällen ist die Beschwerde an keine Frist gebunden (§ 31 Abs. 1 GBVerfO).

Die Beschwerde hat aufschiebende Wirkung, es sei denn, daß mit ihr eine bereits vorgenommene Eintragung im Grundbuch angefochten wird (§ 32 GBVerfO).

Die Grundbuchbehörde hat über die Beschwerde binnen 2 Wochen nach ihrem Eingang zu entscheiden. Wird ihr nicht oder nicht in vollem Umfange stattgegeben, hat die Grundbuchbehörde die Beschwerde binnen 2 Wochen dem Leiter des Liegenschaftsdienstes beim Rat des Bezirkes (jetzt bei der Bezirksverwaltungsbehörde) zur Entscheidung zuzuleiten. Davon ist der Beschwerdeführer in Kenntnis zu setzen. Über die Beschwerde ist binnen weiterer 4 Wochen zu entscheiden.

Kann über eine Beschwerde nicht fristgemäß entschieden werden, ist der Beschwerdeführer davon durch einen begründeten Zwischenbescheid zu informieren und ihm zugleich der voraussichtliche Abschlußtermin mitzuteilen (§ 31 Abs. 4 GBVerfO).

Die Entscheidung über die Beschwerde ist dem Beschwerdeführer unter Angabe der Rechtsgründe schriftlich bekanntzumachen (§ 34 GBVerfO).

Die Beschwerdeentscheidung unterliegt seit kurzem der gerichtlichen Nachprüfung (vgl. das Gesetz über die Zuständigkeit und das Verfahren der Gerichte zur Nachprüfung von Verwaltungsentscheidungen vom 29. Juni 1990, GBl I Nr. 41 S. 595; § 2).

8.3.5. Informationen über den Inhalt des Grundbuches. Auf Antrag werden vom Liegenschaftsdienst Auszüge aus dem Grundbuch, Abschriften von in den Grundakten befindlichen Urkunden sowie schriftliche und mündliche Auskünfte über den Inhalt des 167

Grundbuches erteilt. Antragsberechtigt sind nur Grundstücks- und Gebäudeeigentümer, Erbbauberechtigte, Inhaber von sonstigen Rechten am Grundstück, Gebäude oder Erbbaurecht sowie staatliche Behörden und Einrichtungen. Den Informationsberechtigten ist auch Einsicht in das Grundbuch zu gewähren (vgl. § 27 Abs. 1 und 2 sowie § 28 GBVerfO, ggf. i.V.m. § 36 GBVerfO).

Die Erteilung von Auszügen, Abschriften und Auskünften aus dem Grundbuch sowie die Einsichtnahme in das Grundbuch kann von der Grundbuchbehörde eingeschränkt werden, „soweit staatliche Interessen es erfordern“ (§ 27 Abs. 4 i.V.m. § 28 GBVerfO). Auf dieser Grundlage sollten Auszüge, Abschriften oder Auskünfte über volkseigene Grundstücke oder Rechte an Grundstükken sowie über staatlich verwaltete Grundstücke oder Rechte an Grundstücken **nur** die Rechtsträger bzw. die staatlichen Verwalter dieser Grundstücke oder Rechte, die übergeordneten staatlichen Organe sowie weitere staatliche Organe, die durch Rechtsvorschrift oder Weisung dazu ermächtigt werden, erhalten! Diese Regelung und der Umstand, daß andere Personen, die ein berechtigtes Interesse an der Information über den Grundbuchinhalt haben (z. B. Mieter, vertragliche Nutzer oder Pächter des Grundstücks) gegenwärtig noch nicht berechtigt sind, das Grundbuch einzusehen, waren Ausdruck eines übersteigerten Geheimnisschutzbedürfnisses und des Wunsches, bestimmte Eigentumsveränderungen nicht bekannt werden zu lassen. Heute wird die Grundbucheinsicht in der Praxis bereits von Restriktionen dieser Art befreit.

Sachverzeichnis

Die Zahlen verweisen auf die Randnummern des Buches. Allgemeine Rechtsbegriffe, die in allen Abschnitten erscheinen, wie Eigentum, Volkseigentum, Privateigentum, Rechtsträgerschaft, Gebäudeeigentum, Enteignung, Grundbuch, Eigenheim, sind im Sachverzeichnis nicht erfaßt.